こめおメシ

ごはんに合いすぎるおかず&どんぶり

ごはんソムリエ
こめお

徳間書店

こめおです。僕は、ごはんソムリエであり、お米が大好き。
僕の初となるこのレシピ本では、そんな大好きなお米に合うおかずやどんぶりを揃えています。

そのどれもが「おかずを食べるためのごはん」ではなく、
「ごはんを食べるためのおかず」です。
日本のお米は世界でいちばんおいしいと思っています。
ほとんどのおかずたちはごはんがないとツラいですよね？
どんなにおいしいハンバーグもしょうが焼きも、それだけでは成立しません。
ごはんと出合って、初めて完成されるおいしさってあると思います。
口内調味という言葉を知っていますか？
ごはんとおかずをかみ、口内で混ぜ合わせることが調味になるという考え方です。
「白いごはん＋おかず」で生まれる味。僕はそれを大切にしています。
この口内調味を意識すると、おかずの**味つけは濃くしない**のが大前提。
なぜなら、米自体の味をちゃんと感じることができるから。
素材自体のうまみをしっかり味わうことができるから。

僕のことを格闘技イベント「BreakingDown（ブレイキングダウン）」で
知ってくれた人も多いと思います。
そういう人からは「こめおがなんで料理作っているの？」と驚かれたりします。
でも僕の本業は、料理人。
ずっと前から精進料理の修業に励み、会員制のレストランで料理長も務めました。
今は東京で、「割烹こめを」のオーナーシェフをやっています（よかったら遊びに来てくれ）。

食は、僕のライフワークです。
「子ども食堂」の支援にも力を入れていて、ときにはそこで料理を振る舞うこともあります。
僕の母はシングルマザーでありながら、僕をふくめた3人兄妹を育ててくれました。

小さいころから母の苦労を間近で見てきました。

だから大人になった今、同じようなシングルマザーの方の助けになりたいと思っています。

それに僕は子どものころ、家で1人で食べることが多かった。

あのころの僕のような子どもたちに、誰かと一緒に食べる楽しさを知ってほしいとも思っています。

あと「子ども食堂」以外にも、

お米や野菜などの生産者さんの想いを伝えるために日々奮闘しています。

食は、僕のライフワークであり、僕のすべてです。

僕は料理を通して人を幸せにしていきたい。

心が病んでいるときに、僕のTikTokやYouTubeを見て

食欲がもどってきたという　　　　　　　DMをもらったことがあります。

そんなふうに誰かの希望に　　　　　　　なれるのはめちゃくちゃうれしい。

料理で誰かの　　　　　　　心をあたためられ、

自分の心も　　　　　　　あたためてもらえた。

この本で、あなたの心も　　　　　　　あたたかくできたら嬉しいです。

こめお

闘う料理人 こめお

これが「こめおメシ」だ！

こめおメシのモットーは「美味しいは創れる」だ。
手軽に作れて、超絶うまい料理を味わってくれ。

肉はでかく切る。でもハチミツの
効果でやわらかジューシー！
「極上の梅しそ唐揚げ」→P12

1 身近な食材で作れる！

買い物に行くのが面倒だ、という
ときでも冷蔵庫にあるものでパパ
ッと作れる！

缶詰と米さえあれば、
手間もかけずにいっちょあがり！
「炊飯器サバ茶飯」→P124

2 ちょっとの工夫で味わいUP！

ハチミツやりんごジュースを使って肉をやわ
らかくしたり、ビールで煮込んで風味を出し
たり。「美味しいを創る」ための工夫をふん
だんに盛り込んでいる。

料理はカンタンだ！

レシピ通りに作れ！

ちゃんと計れよ

鍋やフライパンなどを使う前に
すべての材料をしっかり用意し
ておけよ。目分量じゃなく、計
量スプーンできっちり計るのが
成功の秘訣。それがおいしさに
繋がる。

食材のうまみを活かせ！

クドくしなくてもごはんに合う
料理は作れることを知ってほし
い。塩気はあわく、香りやだし
のうまみ、野菜や肉から出るう
まみで勝負しろ。それがごはん
に合わせる最大の秘訣だ。

鍋に肉と野菜とスープの素を入れるだけで
本格派の韓国料理が完成！
「トマトのかんたんタッカンマリ」→P22

3 遊び心も大事！

コンビニ総菜やスナック菓子も少し
の工夫でびっくりするほどおいしい
料理に変身！

上品な割烹料理もえびせんで作れる。
手抜き感はゼロ！
「かっぱえびせんを使ったエビしんじょ」→P56

4 材料をぶっこむだけ！

鍋や炊飯器に材料をぶっこみ、あとは放置しておくだ
け。料理下手や初心者でも失敗しないレシピが満載だ。

5 のっけるだけ！最強のどんぶり！

おかずを何種類も作るのは面倒だけれ
ど、どんぶりメシならこの1品だけで
大満足！

切ってタレに漬けて、ごはんに
のせるだけでごちそうに！
「マグロのポキ丼」→P76

火加減は基本「中火」！

水や煮汁などを最初に沸かすと
き以外、強火はほとんど使わな
い。こげたり煮詰まったり、強
火にしてもいいことなんてなに
もない。中火〜弱めの中火を心
がければ失敗なし！

グラグラさせるな

揚げ物は怖くない！

油はこの
くらいでOK！

揚げ物は少ない油でいい。鍋底
から2cmくらいまで油を入れれ
ばOK！鍋底の温度が高いので、
全体がムラなくキツネ色になる
まで、こまめにひっくり返しな
がら揚げるのがコツだ。

基本の調味料 「これだけは揃えておけ」

調味料にはそれぞれ目的がある。基本の調味料を知ることは、料理上手になるための第一歩になる。ここでは僕の料理のベースである【和食】の味の作り方をレクチャーする。ちなみに、調味料のメーカーにはこだわんなくていいぜ。

和食の基本の調味料

調味料を入れる目的はあくまで香りや風味、味の深みのため。これで「しょっぱい、甘い」を決めないこと。

しょうゆ
香りづけ
＋
塩味

酒
味に深みを出す
＋
風味

みりん
味に深みを出す
＋
甘み

＋

甘み・酸（さん）み・辛み

これで「味の方向性」を決める。

砂糖
（この本ではハチミツ）

甘み＋コク

酢
酸（さん）み
加熱すると甘みが出る

赤唐辛子
など

辛み＋香り

＋

うまみ

カツオ節や昆布のだしに、野菜のうまみが加われば最強のうまみに昇華する。「だし」として手軽に使えるさまざまな調味料の特性を知って使いこなそう。ただし、だし系調味料で塩気をつけようとはしないで（しょっぱくさせない）。

だし
カツオ節、昆布、干ししいたけ、アゴなど。
※水で煮出して「だし」をとる

和風だしの素
「だし」を顆粒状にしたもの

白だし・めんつゆ
「だし」にしょうゆ、みりん、酒などを加えたもの（白だしはめんつゆより塩分が濃い。色をつけたくない料理に使う）

だししょうゆ
しょうゆに「だし」を加えたもの

＋

味を決める

しょうゆや白だしで塩気を決めてはいけない。「塩」を加えることで、素材の味が引き立つんだ。
特に、料理を最後に仕上げるときは、味見して、塩で味を決めるのが基本！

塩

／大事

ハチミツ

コンソメ　鶏ガラスープ　豆板醤　コチュジャン

ハチミツ

この本では、砂糖の代わりにハチミツを使っている。なぜなら、甘みだけではなく、独特のコクやうまみが足せるから。しかも酵素の力で肉がやわらかくなるメリットも。
同じように、きび砂糖や黒糖、メープルシロップもいい味が出せる。でもハチミツがない場合は、砂糖で代用しろ。

※ハチミツは1歳未満の乳児には与えないでください

うまみ・だし

和風のだしはP6【うまみ】で説明しているから、よく読んでおけ。
ほかにも、肉のうまみが欲しいときはコンソメスープの素や、鶏ガラスープの素を使っている。量が加減できる顆粒タイプを僕は使っているが、固形など別のものでももちろんOKだ。

中国・韓国風の料理には、豆板醤、コチュジャンなどを使っている。みその塩気だけではなく、辛み、うまみ、コチュジャンは甘みも足すことができる。
ラードやバターなどの油脂も、コクやうまみのもとになるぞ。

うまさがUPするお助け調味料

香り・風味

素材のうまみを引き出すには、塩気や油は強くしないほうがいい。その代わりに、香りや風味で物足りなさを補う。これらは料理を上等な味に仕上げる大事な素材だ。しょうがやにんにくなど香りのいい野菜や、ハーブ、ごま、スパイス、油など。基本的には香りが飛んでしまわないよう料理の最後（仕上げの段階）にプラスする。

塩・こしょう

塩とこしょうがミックスされている「塩こしょう」は、ワンアクション減らせるので便利だが、白しょうを使っているので、こしょうのインパクトがちょっと弱い。塩の量も調整しづらいので、できれば塩、こしょうをそれぞれ用意するのがおすすめだ。ちなみにこの本でこしょうは、粗びき黒こしょうを使っている。

青じそ　しょうが　カレー粉　ごま油

  VS +

塩こしょう　　　塩　　　黒こしょう

CONTENTS

この本の使い方

● 計量

大さじ1＝15mℓ
小さじ1＝5mℓ
大さじ1と1/3＝小さじ4＝20mℓ
米1合＝180mℓ＝150g

適量＝好みの分量
つけ合わせや薬味、飾りのハーブなどは好みの量を添えてください。
塩など調味料の場合はまず少々を加え、味見をして少しずつ増やしてください。

少々・ひとつまみの目安（塩の場合）

	少々	ひとつまみ
はかり方	親指と人差し指でつまむ	親指・人差し指・中指でつまむ
量の目安	小さじ1/8杯	小さじ1/6杯
重さの目安	0.6g	1.0g

● チューブのにんにく＆しょうが

にんにく、しょうがのすりおろしはチューブを使用しています。かたまりをすりおろして使ってもOK。

かたまり	重さ	チューブ
にんにく1片	5g	小さじ1
しょうが1片	10g	小さじ2

● 材料について

野菜は基本的にきれいに水洗いしています。
特に記載のないものは皮をむく、種やヘタを取るなどは作り方から省いています。
この本では下記の材料を使っていますが、好みで別のものに変えても。
　・こしょう＝粗びき黒こしょうを使用　　・酢＝米酢を使用
　・しょうゆ＝濃口しょうゆを使用　　　　・だしの素（顆粒）＝ほんだしを使用

● 火加減と加熱時間

特に記載のないものは「中火」です。
揚げ油の温度は180℃です。
加熱時間や火加減はご家庭のコンロに合わせて調整してください。

● 調理道具

フライパンや鍋はフッ素樹脂加工のものを使っています。
加工のないこげやすい道具の場合は炒め油の量を増やしてください。

1章

こめおベスト10

SNSでバズッたヒット料理を厳選！
母ちゃんがよく作ってくれた俺の原点の味や
リアルにいつも食べているメシばかり。
どれを作ろうか迷ったら、
まずはここから料理してみろ。

極上の梅しそ唐揚げ

スーパーで買った普通の鶏肉が
極上の唐揚げに変身！
さっぱり味で食欲がわく！

1章 こめおベスト10

材料（2人分）

鶏もも肉…1枚（250g）
塩…ひとつまみ
こしょう…少々
青じそ…6枚
レタス…適量

A｜梅肉…大さじ1と1/2
　｜酒…大さじ1
　｜しょうゆ…大さじ1
　｜ハチミツ…小さじ1
　｜しょうが（すりおろし）…小さじ1
　｜にんにく（すりおろし）…小さじ1
片栗粉…大さじ4
薄力粉…大さじ3
揚げ油…適量

アレンジ！

こってりさせたいなら、梅肉の代わりに炒りごまを入れてハチミツを2倍に増やし、甘辛和風味にしてもいい。

作り方

1 肉と薬味を切る

鶏肉は4等分に切って塩、こしょうし、軽く丸める。青じそは粗みじん切りにする。

2 肉に下味をつける

Aに青じそを混ぜる。鶏肉を加え、手で5分くらいかけてしっかりもみこむ。

できれば半日以上、漬け込むとよりウマくなる

3 肉に衣をつける

片栗粉と薄力粉をよく混ぜる。2にまんべんなくまぶし、余分な粉を落とす。

必ず粉を落とす。ここ、よく覚えておけ

4 肉を揚げる

鍋に揚げ油を鍋底から2cm高さまで入れる。180℃に熱し、肉を返しながらキツネ色になるまで揚げる。器に盛り、レタスを添える。

皮めがこげやすいので注意しろよ

大事だから、よく覚えておけ！

ハチミツを入れると、酵素の力で肉がやわらかく、すごくおいしくなるんだ。あと、衣の粉は片栗粉：薄力粉の割合は4:3が理想。片栗粉がかたまらないようしっかり混ぜろよ。

13

鶏肉と野菜からにじみ出た
うまみたっぷりの煮汁が絶品！

鶏手羽元としょうがの煮込み

材料（2人分）

鶏手羽元…4本
塩、こしょう…各少々
なす…1本
玉ねぎ…1/2個
しょうが（薄切り）…2枚
ごま油…小さじ1

A｜しょうゆ…大さじ1と1/3
　｜酒…大さじ1
　｜みりん…小さじ2
　｜だしの素（顆粒）…小さじ1
　｜ハチミツ…小さじ1
　｜水…70mℓ
針しょうが…適量

アレンジ！

新しょうがの時期だったら、しょうがの薄切りを5枚ぐらい入れてもうまいぞ。手羽先でアレンジしてもいい。

作り方

1 野菜を切る

手羽元は塩、こしょうする。なすは乱切り、玉ねぎは1cm角に切る。

2 手羽元を焼く

フライパンにごま油を熱し、手羽元を焼く。焼き色がついたら、なす、玉ねぎ、しょうがを加えてざっと炒める。

手羽元はしっかり
焼きつけろ

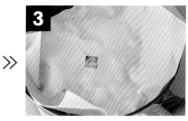

3 落しぶたをして煮る

Aを加え、煮立ったら弱火にする。クッキングシートなどで落しぶたをし、約10分、肉に火が通るまで煮る。器に盛り、針しょうがを添える。

ハチミツを入れたら
軽く混ぜるといい

大事だから、よく覚えておけ！

落しぶたをすると肉の中までしっかり味がしみ込むぞ。骨つき肉は火が入りにくいので、火が通ったかちゃんと確認しよう。はしなどを刺して、肉汁が透明だったらOK！

15

ビール酵母のチカラでうまみがUP
薄味仕立てでも白メシがすすむ！

ビールを使った洋風肉じゃが

材料（2人分）

豚こま切れ肉…50g	バター…15g
厚切りベーコン…1枚	薄力粉…大さじ2
じゃがいも…1個	A｜塩、こしょう…各適量
にんじん…1/2本	｜コンソメスープの素（顆粒）
玉ねぎ…1/2個	｜…大さじ1と1/2
にんにく…1片	｜あればディル、バジル…各適量
ビール（なんでもいい）…500㎖	飾り（ディルなど）…適量

アレンジ！

ディルやバジルはドライハーブでもいい。ハーブの代わりに粗びき黒こしょうでパンチをきかせてもよし。

作り方

1 ビールに漬け込む

ベーコンは1cm幅の細切りに、じゃがいもは8等分に切る。にんじんと玉ねぎは乱切りにし、にんにくはつぶす。バットに入れて豚肉を加え、ビールを注ぐ。ラップをして冷蔵庫で少し寝かせる。

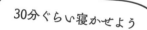

30分ぐらい寝かせよう

2 野菜と肉を炒める

鍋にバターを入れ、**1**の野菜と肉だけを取り出して炒める。薄力粉をふって粉っぽさがなくなるまで炒める。

3 漬け汁を加えて煮る

1の残った漬け汁を**2**の鍋に注いでビールで煮ていく。**A**を加えて約1時間じっくり煮込む。途中でアクが出たら取りのぞく。器に盛り、ディルを飾る。

じゃがいもがやわらかくなったら完成！

大事だから、よく覚えておけ！

じゃがいもからけっこうアクが出てきて、これが雑味やエグミにつながるから、面倒でもアクはちゃんと取っておけ。白っぽいモヤモヤしたのが浮いてきたらそれがアクだ。

りんご風味の
豚肉のしょうが焼き

りんごが甘ずっぱく香る
さっぱりさわやかな食べごこち

材料（2人分）

豚ロース薄切り肉…200g
りんごジュース…100mℓ
薄力粉…大さじ1

A
しょうが（すりおろし）
　…大さじ1と1/2
みりん…大さじ1
しょうゆ…大さじ1
トマトケチャップ…小さじ1
ハチミツ…小さじ1

サラダ油…小さじ1
つけ合わせ（キャベツ、トマト、
　マヨネーズなど）…適量

アレンジ！

豚ロースの代わりに、豚切り落とし肉を使ってもいい。ハチミツがなかったら砂糖を使ってもOKだ。

作り方

1 豚肉を漬ける

バットに肉を並べ、りんごジュースを注いで約30分漬ける。

2 肉に薄力粉をまぶす

豚肉は汁気をきり、薄力粉をまぶす。ボウルにAを合わせ、混ぜる。

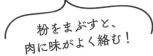

粉をまぶすと、肉に味がよく絡む！

3 フライパンで焼く

フライパンにサラダ油を熱し、豚肉をほぐしながら焼く。

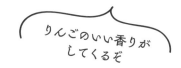

りんごのいい香りがしてくるぞ

4 調味する

肉に火が通ったらAを加えてざっと炒める。器に盛り、せん切りキャベツなどつけ合わせを添える。

大事だから、よく覚えておけ！

ロースはちょっと筋ばってかたい部分もある肉だが、りんごジュースに漬けるとやわらかくなる。りんごやケチャップの酸みのおかげで、クドくないしょうが焼きに仕上がるぞ。

母ちゃん特製！もやしとひき肉の激安炒め

少年・こめおを育てた思い出の味。
2人分を300円以内で作る
めちゃうま貧乏メシ

材料 (2人分)

もやし…1袋

ちくわ…2本

鶏ひき肉…200g

A｜めんつゆ (3倍濃縮) …大さじ2

　｜酒…大さじ1

　｜みりん…大さじ1

　｜だしの素 (顆粒) …ひとつまみ

好みで万能ねぎ (小口切り) …少々

アレンジ！

ウチではいちばん安い鶏肉で作っていたけれど、安けりゃ豚ひき肉で作ってもいい。

作り方

1 ちくわを切る

もやしは洗って水気をきる。ちくわは輪切りにする。

もやしは最悪
洗わなくてOK

2 肉を炒める

フライパン（油は不要）に鶏ひき肉を入れ、から炒りする。肉の色が変わってきたら、ちくわを加える。

3 もやしをのせて蒸す

2 の上にもやしをのせて、しばらく（約5分）さわらずに蒸す。

ふたのように
もやしをかぶせろ

4 調味料を加える

もやしがしんなりしてきたらAをまわし入れ、ざっと炒める。器に盛り、万能ねぎを散らす。

大事だから、よく覚えておけ！

シングルマザーでめちゃ忙しかった母ちゃんが、よく作ってくれたおかず。包丁を使うのはちくわだけ。超カンタンだからバカでも作れるし、給料日前にも腹いっぱい食える。

トマトのかんたんタッカンマリ

韓国では鶏一羽を煮込んで作るが
骨つきのもも肉でも本格的な味に！

材料（2人分）

鶏もも骨つき肉…1本（300g前後）

塩、こしょう…各適量

じゃがいも…1個

トマト…1個

水…400㎖

しょうが（すりおろし）…小さじ1

長ねぎの青い部分…1本分

鶏ガラスープの素（顆粒）…大さじ1と1/3

飾り（万能ねぎ）…少々

アレンジ！

骨からいい味が出てくるので同じ重さの手羽元や手羽先で作るのも手。骨つきのもも肉があれば見た目も豪華だ。

作り方

1 鶏肉に下味をつける

鶏肉は塩、こしょうする。

鶏肉は冷蔵庫から出して室温にもどしておけ

2 野菜を切る

じゃがいもは半分に、トマトはくし形に切る。

3 すべての材料を煮る

鍋に分量の水としょうがを入れて混ぜ、残りのすべての材料を加える。火にかけ、沸騰したら弱火にして約30分、肉に火が通るまで煮る。万能ねぎを飾る。

スープが白濁してきたら完成のサイン！

大事だから、よく覚えておけ！

長ねぎの青い部分はくさみ消しのために入れるので、食べるときは取り出そう。長ねぎがなければ玉ねぎを入れてもいいし、きのこやほかの野菜を加えて具だくさんにするのもアリ。

麻薬厚揚げ

韓国ではごはん泥棒という
異名を持つ麻薬ダレは
ヤミツキ必至！

材料（2人分）

厚揚げ…1枚（150g）

ごま油…大さじ1弱

A｜ 長ねぎ…約6cm（30g）
　　 万能ねぎ…6本（30g）
　　 赤唐辛子…1本
　　 白炒りごま…大さじ1/2
　　 にんにく（すりおろし）…小さじ1
　　 しょうが（すりおろし）…小さじ1

しょうゆ…大さじ1と1/2

みりん…大さじ1

酢…大さじ1

コチュジャン…小さじ2

ハチミツ…小さじ1

鶏ガラスープの素（顆粒）…大さじ1

ごま油…大さじ1/2

水…大さじ2

アレンジ！

麻薬ダレに殻をむいた半熟ゆで卵をひと晩漬けた「麻薬卵」も作ってみろ。韓流な煮卵風でウマい！

作り方

1 麻薬ダレを作る

Aの長ねぎはみじん切りに、万能ねぎと赤唐辛子は小口切りにする。すべてのAを混ぜ合わせる。

2 厚揚げを焼く

厚揚げは長さを半分に切り、さらに1cm幅に切る。フライパンにごま油を熱し、厚揚げの両面を焼き色がつくまで焼く。

3 麻薬ダレに漬ける

バットに2を並べ、1をかける。ラップをはりつけるようにかけ、1時間寝かせる。器に厚揚げを盛り、上から麻薬ダレをかける。

麻薬ダレに漬けすぎるとしょっぱくなるので注意！

大事だから、よく覚えておけ！

辛いのが苦手な場合は、赤唐辛子を入れなくてもいい。残った漬けダレはごはんにぶっかけてもうまいし、ゆで野菜や冷や奴にかけてもいい。万能ダレとして大活躍間違いなし。

焼き餃子のラザニア

スーパーやコンビニの総菜が
ちょっとの工夫でごちそうに大変身!

材料（2人分）

焼き餃子…6個

トマト…1/2個

ホワイトソース（缶詰）…1缶（290g）

ピザ用チーズ…適量

フライドオニオン…適量

イタリアンパセリ（ドライ）…適量

アレンジ！

焼き餃子は冷凍餃子を使っても大丈夫。その場合はレンチンして解凍してから使おう。

作り方

餃子を並べる

耐熱容器に焼き餃子を敷き詰める

きっちりくっつけて並べろ

ソースをかける

1に半月切りにしたトマトをのせ、ホワイトソースをかける。

チーズを散らす

2にピザ用チーズ、フライドオニオンを順に散らす。

トースターで焼く

オーブントースターで約5分、こんがり焼き色がつくまで焼く。ドライパセリを散らす。

大事だから、よく覚えておけ！

本来ラザニアは平らなパスタ生地の間にミートソースを重ね、ホワイトソースをかけて焼くが、このレシピは餃子の皮がパスタの代わりになり、トマトを加えればミートソース風になるぞ。

ローストビーフ丼

アガるメシといったらコレ
意外とかんたんなのに、
男子がマジでがっつくどんぶり！

材料（2人分）

牛ももかたまり肉…400g

塩、こしょう…各適量

バター…30g

A 玉ねぎ…1/2個
にんにく（みじん切り）…小さじ2
赤ワイン…大さじ5
しょうゆ…大さじ3
ハチミツ…大さじ2

ごはん…300g

卵黄…2個分

アレンジ！

Aのしょうゆの代わりにだししょうゆや、めんつゆを使うとよりうまくなるぞ。こしょうを加えてスパイシーにしてもいい。

**余熱でじんわり
しっかり火を通せ**

作り方

1 牛肉を焼く

牛肉は塩、こしょうする。フライパンにバターを熱し、牛肉の全面を焼く。スプーンで溶けたバターをすくい、肉にかけながら焼く。

**アツアツのバターをかけて
上からも火を入れろ**

2 肉を休ませる

肉の全体に焼き色がついたら、アルミホイルで包み、15分くらい休ませる。

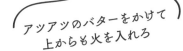

3 ソースを作る

Aの玉ねぎはみじん切りにする。1と同じフライパンに玉ねぎとにんにくを入れ、ちょっとこがすように炒める。赤ワインを数回に分けて加える。しょうゆとハチミツを加え、汁気が半量になるまで煮詰める。

4 ローストビーフを切る

2のローストビーフを薄切りにする。器にごはんを盛り、ローストビーフ、3のソース、卵黄の順にのせる。

**大事だから、
よく覚えておけ！**

ローストビーフは低温調理器で作るのがうまい。だけど道具を持っていないだろ？だからフライパン＆アルミホイルで疑似低温調理したのがコレ。ミディアムレアの肉が誰でも作れるぞ。

炊飯器で作るカオマンガイ

炊いているそばから超イイ匂い
炊飯器で香ばしいおこげもできる
大ヒット作！

材料 (2合分)

米…2合 (300g)
鶏もも肉…1枚 (200g前後)
長ねぎ (青い部分)…1/3本
しょうが (薄切り)…3枚

A 水…350㎖
酒…小さじ1
塩こうじ…小さじ1
ナンプラー…大さじ2

B 長ねぎ (白い部分)…1/3本
黒酢…大さじ1
しょうゆ…大さじ1
ハチミツ…小さじ2
ナンプラー…大さじ1

飾り (パクチーなど)…少々

作り方

1 内釜に米と具を入れる

米は洗って水気をきる。炊飯器の内釜に米を入れ、鶏肉、長ねぎの青い部分、しょうがをのせ、**A**をぶちこんで炊く。

どんどんぶちこめ！

2 タレを作る

Bの長ねぎはみじん切りにし、残りの**B**と混ぜ合わせる。

3 鶏肉を切る

1の鶏肉としょうがを取り出し、鶏肉は食べやすい大きさに、しょうがは太めのせん切りにする。器にごはんを盛って鶏肉としょうがをのせ、**2**のタレをかける。パクチーを飾る。

飾る草は何でもいい

大事だから、よく覚えておけ！

本場のタイでは鶏のスープで米を煮たりするんだけれど、炊飯器で炊いているうちに鶏肉から勝手にうまみが出てくるからスープを入れなくても問題ナシ。めちゃカンタンだろ？

こめおチャンネル

@user-xl1xl3sr7s
こめおです。 >

チャンネル登録

こめおの料理動画をチラ見せ！
怖い先輩にキャラ弁作らせてみた。

スマホを見ていたこめおに、
ちびっこの呼びかけがかかった

こめお
こめお
こめお〜

料理スタート

まずはコーンおにぎりをにぎる

1

卵を薄く焼く
薄焼卵でおにぎりを包み込む

2

おにぎりを弁当箱に詰め、
まわりにレタスやミートボー
ルなどを詰める

3

口はひじきで再現する

7

こめお特製
ピカチュウ弁当 **完成！！**

いっちょあがり
ドドン！

32

なんのキャラ弁がいいの？

これでキャラ弁、作って！

ピカチュウ！

これでピカチュウ、作ってみるわ

赤ウインナーでほっぺを作る **4**

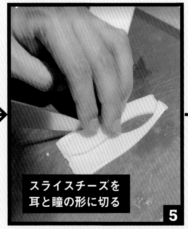

スライスチーズを耳と瞳の形に切る **5**

チョキチョキ

のりを目と鼻の形にカットする **6**

はいっピカチュウ弁当です

………いただきます

……なんか、中国のピカチュウみたい

なんでだよ！

もうちょい食べてみ

苦笑い↓

やっぱり中国のピカチュウみたい

やかましいわ！クソガキ

wwwwwww

33

ごはんを上手に炊こう！

なにも気にせず、無意識にごはんを炊いている人も多いと思うが、
ちょっと気を使ってあげるだけで劇的においしく炊ける。
さらに米の品種や水の質にこだわると、うまさのレベルがぐっと上がる！
目指すのは、かんだときに米の甘みがちゃんと感じられるごはんだ。

米のとぎ方

1 最初の水はすぐ捨てる

ボウルに分量の米（1合の場合150g）を入れる。水を注いだらさっと混ぜてすぐザルに上げ、水気をきる。

2 米をとぐ

ボウルに 1 の米をもどし入れ、ふたたび水を注ぐ。指を立てて、力を入れずに円を描くように軽くとぐ。

ゴシゴシ強くとがなくていい

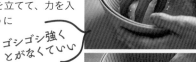

3 水を捨てる

水が白くにごったらザルに上げて水気をきる。

4 水が透明になるまで

写真くらいに、水が透明になるまで 2 〜 3 をくりかえす（米の種類にもよるが2〜3回くらい）。

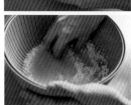

5 分量の水を注いでひたす

分量の水を注ぐ（1合の場合、基本は水200㎖、かためは180〜190㎖、やわらかめは210㎖）。6時間以上、水を吸わせて（夏期は冷蔵庫に入れる）炊く。

ここが大事！

炊く水と道具について

水道水でもいいけれど、ミネラルウォーターを使うと劇的に味が向上し、ツヤのあるごはんに炊き上がる。水は軟水（硬度100〜30がおすすめ）を選ぶこと。しっかり水を米に吸わせると「ちゃんとかめるごはん」になる。

炊飯器以外で炊く場合は、土鍋や羽釜、鋳物ホーロー鍋などがおすすめ。炊飯器と違ってやさしく火を入れるので、ごはんがふっくらしやすくなる。

こめおが使っている米と水

・龍の瞳　大粒で甘みがあり、米の存在感がはっきりしている。
・京都丹後産コシヒカリ　甘みが強く、ねばりもちょうどいい。かめばかむほどうまい。
・日田天領水　大分県産のミネラルウォーター。米の甘みが増し、レベルアップする。

2章

ごはんに
合いすぎるおかず

白いごはんを超ウマくする究極のおかず
「こめお特製」料理を公開！
めちゃカンタンで、見栄えもいいから
ふだんの食事はもちろん
誰かをもてなしたいときにも大活躍！

レモンとポン酢の鶏肉ソテー

普通のポン酢でもレモンを足すだけで激ウマ！
マイルドな酸みがクセになる

材料（2人分）

鶏もも肉…1枚（200g前後）
塩、こしょう…各適量
タイム（ドライ）…少々
サラダ油…小さじ1
レモン（輪切り）…2枚
ポン酢しょうゆ…大さじ1と1/2
飾り（パセリなど）…適量

アレンジ！

鶏肉の独特なにおいを
ハーブでマスキングす
るのがコツ。ハーブは
なんでもいい。レモン
の代わりにオレンジで
作っても。

作り方

肉に穴を開けると火が均一に入る

1 鶏肉に塩をふる

鶏もも肉はスジを取り、塩をふってし
ばらく放置する。出てきた水気はペー
パータオルでふく。こしょうとタイム
をふる。肉の両面にフォークを刺して
穴を開け、半分に切る。

2 鶏肉を焼く

フライパンにサラダ油を敷き、鶏肉の
皮めを下にして置いて火をつける。

フライ返しで押さえながら焼くと皮がパリッとするぞ

3 レモンをのせる

皮がパリッと焼けたらレモンを1枚ず
つのせ、レモンごと肉の上下を返す。

4 調味料を煮詰める

肉に火が通ったらポン酢しょうゆを加
え、軽くとろっとするまで煮詰める。
器に盛り、パセリを飾る。

大事だから、よく覚えておけ！

酢は火を入れると酸みがほどよく飛ん
で甘くなる。レモンの皮も焼いて火を
入れるので、ちょっとマーマーレード
みたいな風味も楽しめ、これが鶏肉を
めちゃうまくするんだ。

タンドリーチキン

カレーの香りで食欲倍増！
手でつかんで豪快にほおばれ

材料（2人分）

鶏手羽元…6個
塩、こしょう…各適量
つけ合わせ（レタスなど）…適量

A
| プレーンヨーグルト…150g
| カレー粉…大さじ1と1/2
| にんにく（すりおろし）…小さじ1
| ハチミツ…大さじ1
| しょうゆ…大さじ1
| オリーブ油…小さじ2

アレンジ！

カレー粉の代わりにガラムマサラを使うと本格的な味になるぞ。骨つきの鶏もも肉で作ればさらに本格派！

作り方

1 肉に下味をつける

手羽元に塩、こしょうする。

2 ヨーグルトに漬ける

ジッパーつきの保存袋に**A**を入れて混ぜ、**1**を加える。袋から空気を抜いてジッパーを閉じ、袋の外側からよくもむ。冷蔵庫で1時間くらい寝かせる。

袋の空気を抜いて
真空にするのがコツ

3 鶏肉を焼く

フライパン（油は不要）に**2**の肉を並べ、弱火にかける。

4 中まで火を入れる

6〜7分かけてじっくり焼く。途中で上下を返し、中まで火を入れる。

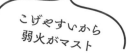

こげやすいから
弱火がマスト

大事だから、よく覚えておけ！

肉をヨーグルトに漬けると、酵素のチカラで肉がやわらかくなるし、風味がすごくよくなるんだ。ただし焼くときにめちゃこげやすいから、目を離さず、じっくりゆっくり焼き上げろ。

エリンギと青じその豚巻き

みそ粒マスタードは
肉にもごはんにも合う最強ソース

材料（2人分）

エリンギ…太め1本
豚ロース薄切り肉…8枚
青じそ…8枚
塩、こしょう…各適量
片栗粉…適量
サラダ油…大さじ1

A　みそ…小さじ2
　　にんにく（すりおろし）…小さじ1/2
　　粒マスタード…小さじ1
　　ハチミツ…小さじ2
　　酒…大さじ1
　　水…大さじ1
白炒りごま…少々
好みで万能ねぎ（小口切り）…少々

アレンジ！

エリンギの代わりにえのきだけを使ってもいい。食感がめちゃ変わって、これもうまい。

作り方

肉巻きを作る

エリンギは長さを半分に切って、縦4等分に切る。豚肉を広げ、青じそ1枚、エリンギ1本をのせ、エリンギを芯にして丁寧に巻く。塩、こしょうして、片栗粉をまぶす。

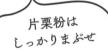

片栗粉はしっかりまぶせ

肉巻きを焼く

フライパンにサラダ油を熱し、**1**を焼く。転がしながら全面に焼き色をつける。

調味料を加える

Aをまわし入れ、よく絡める。器に盛り、ごまと万能ねぎを散らす。

肉巻きを転がしながら調味料を絡めろ

大事だから、よく覚えておけ！

ロース肉と青じそというさっぱりした組み合わせだが、みそ粒マスタードでコクも食べごたえもUP！　うまみはあるが脂っこくないおかずこそ、米をうまくすると僕は思う。

丸ごとロールキャベツ

煮る時間はかかるが
ちまちま巻く手間はナシ！
丸ごと煮るとうまさも倍増！

42

材料（作りやすい分量）

キャベツ…1個

A
- 合いびき肉…150g
- 塩、こしょう…各適量
- 卵…1個
- 片栗粉…大さじ1

オリーブ油…大さじ1

B
- トマトの水煮（缶詰/カットタイプ）…1缶（400g）
- コンソメスープの素（顆粒）…大さじ1と1/2
- 水…200㎖

ベーコン（スライス）…5枚（100g）

ピザ用チーズ（あれば細切り）…適量

イタリアンパセリ（ドライ）…少々

作り方

よく練ると肉が
やわらかくなるぞ

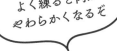

空気が入らないよう
みっちり詰めろ

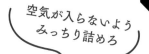

1 キャベツの芯を抜く

キャベツは芯の部分に包丁で四角く切り込みを入れ、芯をズボッと抜く。芯のやわらかい部分はみじん切りにする。

2 肉だねを作る

ボウルにAと刻んだキャベツの芯を入れ、ねばりが出るまでしっかり練り混ぜる。

3 肉だねを詰める

キャベツの芯を抜いた部分に、2の肉だねを詰める。手でおさえながら空気が入らないように詰める。

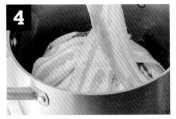

4 キャベツを焼いて煮る

鍋にオリーブ油を敷いて、キャベツの芯側を下にして入れる。弱めの中火で3分焼いたら、上下を返す。Bを入れ、ベーコンを放射状にのせる。ふたをして約30分煮る。器に盛り、チーズとパセリを散らす。

竹串などを刺して
すっと入れば完成！

大事だから、よく覚えておけ！

キャベツを最初に焼くことでキャベツの中の水分がほどよく飛び、煮る時間が短縮できる。なかなか重いので、木べら2本を使うなどして、気合を入れてひっくり返せ！

野菜のうまみや香りがじんわり魚にしみ、
まるで鍋料理のように深い味わいに

タラの香味野菜蒸し

材料（2人分）

タラ（切り身）…2切れ
塩…適量
にんじん…1/3本
長ねぎ…1/3本
しょうが（薄切り）…2枚
ごま油…小さじ2
酒…大さじ1と1/2

ポン酢しょうゆ…小さじ2
めんつゆ…小さじ1
青じそ（せん切り）…2枚

アレンジ！

青じそや万能ねぎの小口切りをトッピングすると、上品なくちあたりになり、見た目もよくなる。

作り方

1

タラに下味をつける

タラは塩をふる。にんじんと長ねぎはみじん切りに、しょうがはせん切りにする。

2

タラを焼いて蒸す

フライパンにごま油を熱し、タラを焼く。酒をふって、**1**の野菜をのせる。ふたをして3〜4分、酒蒸しにする。

タラの上に野菜をのせろ

3

調味料を加えて蒸す

ポン酢しょうゆとめんつゆを加え、ふたをしてさらに1分くらい蒸す。器に盛り、青じそをトッピングする。

大事だから、よく覚えておけ！

タラは水っぽい魚なので、最初に塩をふることで下味もつくし、余分な水分が取れるぞ。身がやわらかいので、火加減に注意して（中火をキープだ）、やさしく焼き上げるといい。

サンマのオリーブソテー

塩焼きに飽きたらコレ！
大好評のヒットメニューで
にんにくの香りが食欲をそそる！

材料（2人分）

サンマ（頭と内臓つき）…2尾

にんにく…1片

トマト…1個

まいたけ…1/2パック（50g）

オリーブ油…大さじ1

塩、こしょう…各適量

粉チーズ…適量

イタリアンパセリ…少々

アレンジ！

きのこを焼くときにハーブ類を加えるのも、香りがよくなるのでおすすめ。イワシやアジを焼いてもうまいぞ。

作り方

サンマの内臓を取る

サンマは頭を切り落とし、腹側に包丁で切り込みを入れて内臓を取る。水洗いして、水気をふく。にんにくは包丁の腹などでつぶす。トマトはざく切りに、まいたけは小房にほぐす。パセリはみじん切りにする。

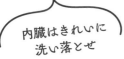

内臓はきれいに洗い落とせ

サンマを焼く

フライパンにオリーブ油とにんにくを熱し、香りが立ったらサンマを加えて焼く。

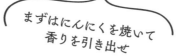

まずはにんにくを焼いて香りを引き出せ

つけ合わせを焼く

サンマに焼きめがついたら上下を返し、フライパンの空いたところにトマトとまいたけも加えて一緒に焼き、塩、こしょうする。器に盛り、粉チーズとパセリをふる。

大事だから、よく覚えておけ！

サンマは生でも食べられるので、火加減はそんなに気にしなくていい。皮がパリッと香ばしく、でもやぶけないように上手に焼けよ。にんにくの香りを油に移すのが最大のコツだ。

じゃがいものイタリアン風春巻き

あんや具を用意する手間は不要！
シンプル材料でうまい春巻きは
かんたんに作れる！

Japanese

材料（2人分）

じゃがいも…1個
イタリアンパセリ…1本
イワシの水煮（缶詰）…1缶（150g）
ピザ用チーズ…ひとつまみ
塩…小さじ1
こしょう…少々

春巻きの皮…4枚
揚げ油…適量
飾り（パセリなど）…少々

アレンジ！

イタリアンパセリはドライでもいいし、普通のパセリを使ってもOK。

作り方

皮の巻き終わりに水をつけてはりつけよう

1 野菜を切る

じゃがいもはスライサーで薄切りにしてから、包丁でせん切りにする。イタリアンパセリはみじん切りにする。イワシ缶は缶汁をきる。

水っぽくなるから缶汁は必ずオフしろ

2 皮で具を包む

ボウルに **1**、チーズ、塩、こしょうを入れて混ぜる。適量を春巻きの皮にのせ、包む。

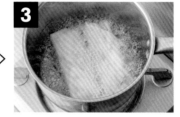

3 春巻きを揚げる

小鍋に揚げ油を鍋底から2cm高さまで入れる。180℃に熱し、**2** の春巻きを揚げる。

油の量は少なくていい

4 春巻きを返す

皮がこんがりしてきたら、上下を返してさらに揚げる。器に盛り、パセリを添える。

大事だから、よく覚えておけ！

じゃがいもをスライサーで極薄く切ってからせん切りにすることで、しっとりと、くちあたりのいい仕上がりになる。火の通りも早く、包丁だけより切る手間も少なくていい。

納豆巾着の揚げびたし

ほっとする和の味なのに
チーズがとろりと納豆に絡んで
子どもでも喜ぶ味に

材料（2人分）

納豆…1パック（40g）
青じそ…1枚
長ねぎ…15g
クリームチーズ…30g
粗びき黒こしょう…適量
油揚げ…2枚
揚げ油…適量

A｜酒…小さじ1
　｜だしの素（顆粒）…小さじ2
　｜白だし…小さじ1
　｜水…500ml
　｜しょうゆ…小さじ1

白髪ねぎ…少々
万能ねぎ（小口切り）…少々
好みで七味唐辛子…適量

作り方

1 具を混ぜる

青じそ、長ねぎ、クリームチーズは粗みじん切りにしてボウルに入れる。納豆、黒こしょうを加えて混ぜる。

2 油揚げに具を詰める

油揚げを半分に切り、袋状にして具を入れる。袋のくちを楊枝でとめる。

3 巾着を揚げる

小鍋に揚げ油を鍋底から2cm高さまで入れる。180℃に熱し、**2**の巾着を揚げる。

4 だしで軽く煮る

鍋にAを合わせ、火にかける。沸騰直前に弱火にして**3**を入れ、3分くらい煮る。器に盛り、ねぎ類や七味唐辛子をトッピングする。

だしを油揚げに吸わせる

大事だから、よく覚えておけ！

顆粒のだしの素と、白だしの2種のだしを使うと味わいに深みが増すぞ。白だしがなければ、昆布を1枚（5cm角くらい）加えて煮てもいい。または仕上げに塩昆布少々をのせるのもアリだ。

2章　ごはんに合いすぎるおかず

51

豆腐とカニカマの
あんかけスープ

家に常備しているような材料で作れるぞ。
きのこのうまみをあんでとじこめろ！

材料（2人分）

絹ごし豆腐…1パック（300g）
カニ風味かまぼこ…4本（60g）
しめじ…40g
えのきだけ…40g
A | 水…300mℓ
　 | だしの素（顆粒）…小さじ1
　 | 塩…少々
　 | 酒…大さじ1
　 | しょうゆ…大さじ1

好みでしょうが（すりおろし）…少々
水溶き片栗粉
　…片栗粉大さじ1＋水大さじ1と1/2
万能ねぎ（小口切り）…少々

アレンジ！

コンビニのでかいカニカマを使う場合は、繊維に沿って包丁で細かくカット。きのこの種類を変えてもいいぞ。

作り方

1 カニカマをさく

カニカマは繊維に沿って細かくさく。しめじとえのきだけは石づきを取る。

2 豆腐を煮る

鍋にAを入れて **1** を加え、火にかける。ここでしょうがを入れたい人は入れてみて。沸騰直前に弱火にし、豆腐をスプーンですくい入れる。

3 とろみをつける

水溶き片栗粉を2〜3回に分けて加える。とろみがついたら器に盛り、万能ねぎを散らす。

火加減は豆腐がゆらゆらゆれるくらいが目安

大事だから、よく覚えておけ！

豆腐としょうゆを煮すぎるのは厳禁！やさしい火加減で、グラグラと煮立たせないよう温めよう。水溶き片栗粉は少しずつ入れるとダマになりにくいので、ここもちゃんと覚えておけ。

丸ごとなすの
バターじょうゆ焼き

火にかけて待つだけ！
じっくり蒸したとろとろなすが絶品

材料（2人分）

なす…2本
バター…30g
カツオ節…適量
しょうゆ…適量

**大事だから、
よく覚えておけ！**

時間はかかるが、調理の手間は
ほとんどかからないカンタンおか
ず。バターはたっぷりでも少な
くても、量は好きにしろ。

作り方

ヘタがついたまま
入れちゃってOK

1 なすを焼く

フライパン（油は不要）に
なすを丸ごと入れ、水大さ
じ2（分量外）を加えてふ
たをする。弱めの中火で約
15分、なすがやわらかくな
るまで蒸し焼きにする。

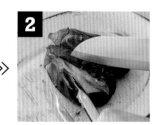

2 バターをのせる

器に盛り、なすの中央に包
丁で縦の切れ込みを入れて
開く。バターをのせ、カツ
オ節としょうゆをかける。

3章

怖い先輩に
ムチャぶり！

「怖い先輩に、●●で料理させてみた」

僕の後輩たちがいきなり不思議な食材を手に
「コレでなんか作って〜！」とムチャぶりする、
SNSの企画から生まれた料理たち。
スナック菓子やコンビニで売っている総菜も
ちょっとのアイディアで
超うま〜な料理に変身するぞ。
遊び心いっぱいに楽しんで作れ！

かっぱえびせんを使ったエビしんじょ

コレ、料亭で出されても
おかしくないほどうまいから。
心にしみる味！

材料（2人分）

かっぱえびせん…35g（約1/2袋）
桜エビ（素干し）…大さじ2
A｜ はんぺん…1枚（100g）
　｜ 片栗粉…大さじ2
　｜ 卵白…1個分

B｜ だしの素（顆粒）…小さじ1
　｜ しょうゆ…小さじ2
　｜ 塩…ひとつまみ
　｜ 水…150mℓ
ゆずの皮（せん切り）…適量
白髪ねぎ…少々
飾り（三つ葉）…少々

かっぱえびせんで、ほどよいしょっぱさとエビの風味がカンタンに出せるぞ。

作り方

1

えびせんをくだく

ポリ袋にかっぱえびせんと桜エビを入れ、ビンやめん棒などで叩いてつぶし、細かくする。

丈夫な袋に入れて叩けよ

2

エビだんごを作る

ボウルに**1**、Aを入れ、手でつぶしながらこねる。4等分にし、手で丸める。

3

エビだんごを煮る

鍋にBを入れて煮立たせ、**2**のエビだんごを加える。ふたたび煮立ったら火を止め、器に盛る。ゆずの皮、白髪ねぎをのせ、三つ葉を飾って、いっちょあがり！

煮汁はグラグラさせない。あっためる程度でOK

大事だから、よく覚えておけ！

「しんじょ」とは魚介のすり身を丸めて、煮たりゆでたりする日本料理だ。はんぺんさえあれば、魚のすり身の代わりになるからカンタンだろ。桜エビを足せばかなり上品な味に仕上がる。

コーラを使った
手羽先甘辛煮

油×甘辛味で、ヤバいほど
ごはんが食べたくなる。
しかも冷めてもウマい！

材料（2人分）

鶏手羽先…6個
塩、こしょう…各適量
A | しょうゆ…大さじ1
　 | 酒…大さじ1
　 | にんにく（すりおろし）…小さじ2
　 | しょうが（すりおろし）…小さじ2

B | コーラ…500㎖
　 | しょうゆ…大さじ3
　 | 酒…大さじ3
　 | みりん…大さじ1
片栗粉…適量
揚げ油…適量
白炒りごま…適量
飾り（三つ葉など）…少々

コレを用意しろ

コーラにはいろいろなスパイスが入っているから、これ1本で複雑な味が出せる。

作り方

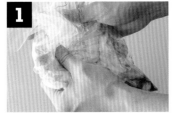

1 鶏肉に下味をつける

手羽先に塩、こしょうする。ジッパーつき保存袋に手羽先、Aを入れ、袋の外側からもむ。

2 タレを作る

鍋にBのコーラを入れ、強火で熱して水分を飛ばす。汁気が1/5量まで減ったら、残りのBを加えて火を止める。

コーラがとろんとするまで煮詰めろ

3 手羽先を揚げる

1の手羽先に片栗粉をまぶす。小鍋に揚げ油を鍋底から2㎝高さまで入れて180℃に熱し、手羽先を返しながらこんがり揚げる。

4 タレを絡める

揚げ立てのうちに**2**のタレに入れて絡める。器に盛り、ごまをたっぷりふって三つ葉を飾る。

大事だから、よく覚えておけ！

調味料をあれこれ用意しなくても、ごはんが進む甘辛味はコーラでカンタンに作れるから覚えておけ。強火でとろんとするまで煮詰めるだけ。ジュースとは思えないタレに仕上がるぞ。

じゃがりこコロッケ

さくさくのコロッケをかじれば
とろ～～んとチーズがのびる！

材料（2人分）

じゃがりこ サラダ…1個
熱湯…50mℓ
塩、こしょう…各適量
モッツァレラチーズ（ミニ）…4個
衣 薄力粉…大さじ3
溶き卵…1個分
パン粉…30g

揚げ油…適量
粉チーズ…適量
パセリ（ドライ）…適量

じゃがいもが家になくても、これさえあればOK！ 野菜の風味がカンタンに出せるぞ。

作り方

1

じゃがりこをふやかす

じゃがりこは熱湯を注いでふたをし、2〜3分置いてふやかす。塩、こしょうして混ぜる。

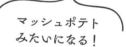

マッシュポテトみたいになる！

2

チーズを包む

1のじゃがりこを4等分し、モッツァレラチーズ1個を包んで丸める。薄力粉、溶き卵、パン粉の順に**衣**をまぶす。

3

カラリと揚げる

小鍋に揚げ油を鍋底から2cm高さまで入れて180℃に熱し、**2**を返しながらキツネ色になるまで揚げる。器に盛り、粉チーズとパセリをふる。

はしで転がしながらじっくり揚げよう

大事だから、よく覚えておけ！

モッツァレラの代わりに、さけるチーズを包んで揚げてもウマい。生クリームをソースのようにかけてもいいし、カラスミパウダーを散らしてリッチに仕上げるのもアリだ。

チップスターを使った
れんこんはさみ揚げ

チップスターのおかげで
肉がとろっとやわらかく、
青のりの風味がかなりイイ

材料（2人分）

チップスターS のりしお味…1個（45g）

A｜豚ひき肉…100g
　｜卵…1個
　｜塩、こしょう…各適量
　｜しょうが（すりおろし）…小さじ1
　｜白だし…小さじ2

れんこん…6cm分
片栗粉…適量
揚げ油…適量
塩…適量
青のり粉…適量
ゆずこしょう…適量

コレを用意しろ

いもの味がしっかりしたチップスターは料理に使いやすい。のりしお味がマストだ。

作り方

1

チップスターをくだく

ジッパーつきの保存袋にチップスターを入れて袋を閉じ、めん棒などをゴロゴロ転がして細かくくだく。

≫

2

肉だねを作る

ボウルに **1** とAを合わせ、手でよく練り混ぜる。れんこんは皮つきのまま、5mm幅の輪切り×12枚にする。れんこん1枚に1/6量の肉だねをぬりつける。

穴に埋め込むように
肉だねをのせろ

≫

3

れんこんサンドを作る

肉だねの上にもう1枚れんこんをのせてサンドする。両手の平できゅっと挟んで、肉だねとれんこんを密着させる。これを全部で6個作り、片栗粉をまんべんなくまぶす。

余分な粉は落とすのが
鉄則！

4

れんこんサンドを揚げる

小鍋に揚げ油を鍋底から2cm高さまで入れて180℃に熱し、**3** のれんこんサンドを返しながらカラリと揚げる。器に盛り、塩と青のりをふってゆずこしょうを添える。

**大事だから、
よく覚えておけ！**

衣の粉が余分についているとコゲの原因になるので注意しろ。反対にれんこんの穴の中に粉が入りづらいので、意識して穴に粉をまぶし、あとからはたき落とせば安心だ。

魚肉ソーセージを使ったどんどん焼き

山形のB級グルメをアレンジ
もっちりしっとりした生地！

材料（2人分）

魚肉ソーセージ…1/2本（35g）	サラダ油…小さじ1と1/2
ツナ（缶詰/油漬け）…小1/2缶（35g）	紅しょうが（せん切り）…15g
A　薄力粉…50mℓ（約30g）	お好み焼き用ソース…適量
だしの素（顆粒）…小さじ1	マヨネーズ…適量
水…80mℓ	青のり…適量
卵…1個	カツオ節…適量

コレを用意しろ

魚肉ソーセージは日持ちするので家に常備しておけ。最近は高級バージョンもあるぞ。

作り方

1 ソーセージを切る

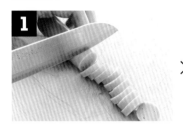

魚肉ソーセージは5mm幅の輪切りにする。ツナは缶汁をきる。

2 生地を作る

ボウルにAを合わせ、よく溶き混ぜる。

粉がダマにならないようよく混ぜろ

3 生地を焼く

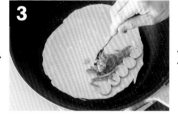

フライパンにサラダ油を敷いて火にかける。**2**の半量を流し入れ、生地が少しかたまってきたら手前の方に**1**と紅しょうがの半量をのせる。

4 生地を巻く

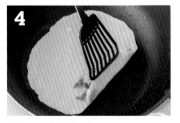

具をおさえながら、フライ返しなどで手前から生地をくるりと巻く。器に盛り、ソースとマヨネーズをかけ、青のりとカツオ節を散らす。

大事だから、よく覚えておけ！

ちょっと厚みのあるクレープみたいな生地を作るので、生地を混ぜるときは粉のかたまりとかダマができないよう、なめらかになるまで混ぜろ。ハムやシュレッドチーズを巻いてもウマいぞ。

さきいかを使った コチュジャン炒め

甘辛！かめばかむほどウマい！
日持ちするから多めに作っても

材料（2人分）

さきいか…100g
A コチュジャン…大さじ2
　 酒…大さじ1
　 ハチミツ…小さじ2
油揚げ…1枚
長ねぎ……2/3本

ごま油…小さじ1
酒…大さじ1
白炒りごま…少々

大事だから、よく覚えておけ！

コチュジャンはけっこうねばり気が強いから、よく混ぜないと味にムラが出るので気をつけろよ。こげやすいから炒めるときは目を離すな。

コレを用意しろ

作り方

1

さきいかに下味をつける

ボウルにさきいかとAを入れ、よく混ぜる。油揚げは2cm幅に、長ねぎは斜め切りにする。

2

ごま油で炒める

フライパンにごま油を熱して油揚げとねぎを炒める。ねぎに焼き色がついてきたら**1**のさきいかを加え、炒め合わせる。全体になじんできたら酒を加え、ざっと炒める。ごまをふる。

よく混ざったらいっちょあがり！

唐揚げ棒を使った 甘辛チキン南蛮

マジで3分で作れて満足度はデカい！

材料（2人分）

唐揚げ棒…2個

A | しょうゆ…大さじ1
　　 | 酒…小さじ2
　　 | 砂糖…大さじ1
　　 | 酢…小さじ2
　　 | みりん…小さじ2

B | マヨネーズ…大さじ1と1/3
　　 | ピクルス（みじん切り）…大さじ1強
　　 | ゆで卵…1個

粗びき黒こしょう…少々

大事だから、よく覚えておけ！

ピクルスはガーキン（ハンバーガーに入っているヤツ）やパプリカが入っているのがおすすめ。最初からみじん切りになっているのを買うとラクできるぞ。

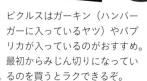

コレを用意しろ

作り方

1 唐揚げに下味をつける

ボウルに**A**を合わせ、棒から外した唐揚げ（冷めていたらレンジで温める）を加えて混ぜる。

2 タルタルソースを作る

ボウルに**B**を合わせ、スプーンで卵をくずしながら混ぜる。器に**1**を盛り、タルタルソースをかけて、こしょうをふる。

卵はごろっと感を残すと食べごたえがでるぞ

ハンバーグとカリカリコーンのタコライス

ソッコー作れて味は本格派！
誰が作っても失敗知らず

材料 (1人分)

カリカリコーンチーズ…1/3個 (約20g)
アボカド…1/2個
トマト…小1/2個

A | トマトジュース (無塩)…50mℓ
　 | コンソメスープの素 (顆粒)…小さじ1
　 | 塩、こしょう…各適量
　 | ハンバーグ (市販品)…1個 (200g前後)

ごはん…150g
カットレタス…ひとつかみ
マヨネーズ…適量
ピザ用チーズ…適量

コレを用意しろ

カリカリコーンチーズは粉チーズなみにチーズ感あり。なければドンタコスチーズ味でも。

作り方

1

カリカリコーンをくだく

ポリ袋にカリカリコーンを入れ、ビンやめん棒などで叩いて、細かくする。

粉々にはするな

2

野菜を切る

アボカドとトマトは1cm角のさいのめ切りにする。

3

ハンバーグを煮る

鍋にAを入れ、ハンバーグをつぶしながら汁気がなくなるまで煮詰める。器にごはん、レタス、A、**2**、マヨネーズ、チーズ、カリカリコーンの順に盛る。

大事だから、よく覚えておけ！

今回はセブン-イレブンで見つけた商品を使った料理だ。カリカリコーンチーズはセブンのPBスナック、ハンバーグはセブンプレミアム、カットレタスもコンビニで売っているぜ。

アツアツのだしをかければ
サラサラ食える！

コンビニ焼きサバを使っただし茶漬け

材料（1人分）

サバの塩焼き（市販品）
　…1/2パック（50g前後）
みょうが…1/2個
青じそ…1枚
ごはん…150g
塩…適量

万能ねぎ（小口切り）…少々
梅肉…小さじ1
白炒りごま…少々
A｜水…100㎖
　｜しょうゆ…大さじ1/2
　｜だしの素（顆粒）…小さじ1/2

大事だから、よく覚えておけ！

サバはクセのある魚だが、梅肉や香味野菜（みょうがや青じそ）の効果で、くさみをマスキングできる。サバは食べやすく切ってから焼いてもいい。

コレを用意しろ

作り方

1

サバは温める

フライパン（油は不要）を熱してサバをのせ、両面に焼きめをつける。みょうがと青じそはみじん切りにする。

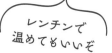

レンチンで
温めてもいいぞ

2

だしをかける

ごはんに塩をふり、みょうがと青じそを混ぜる。器に盛り、サバ、万能ねぎ、梅肉、ごまの順にのせる。鍋にAを合わせて煮立たせ、アツアツのだしをかける。

干ししいたけのスープがばかウマい！
これぞ最強の汁かけメシ

サラダチキンを使った鶏飯（けいはん）

材料（2人分）

干ししいたけ…1個
サラダチキン（プレーン）…1袋
薄焼き卵…卵2個分
A　砂糖…大さじ1
　　しょうゆ…大さじ1
　　酒…大さじ1
　　白だし…大さじ1

鶏ガラスープの素…大さじ1と1/2
ごはん…150g
万能ねぎ（小口切り）…適量
白炒りごま…適量

大事だから、よく覚えておけ！

奄美の郷土料理をサラダチキンでアレンジ。しいたけのグアニル酸、鶏ガラのアミノ酸、チキンのグルタミン酸、3つのうまみ成分が集結！

コレを用意しろ

作り方

1

サラダチキンをほぐす

水400ml（分量外）に干ししいたけを入れてもどす。もどしたしいたけは細切りにし、もどし汁は水を足して400mlにする。サラダチキンは手でさく。薄焼き卵は細切りにする。

2

しいたけを煮る

鍋にAを合わせ、しいたけを5〜6分煮る。別の鍋でシイタケのもどし汁と鶏ガラスープの素を温め、スープにする。ごはんにチキン、しいたけ、薄焼き卵を盛り、スープを注いで万能ねぎとごまを散らす。

こめおチャンネル

@user-xl1xl3sr7s

こめおです。 >

チャンネル登録

こめおの料理動画をチラ見せ！

怖い先輩にヒレカツで アレンジさせてみた。

よこせ、俺が作ってやるから

まじいいっす

買ってきたヒレカツを
食べようとする後輩に
こめおの「待った！」の手がのびた

料理スタート

しょうゆ、白だし、すりおろしたしょうがを混ぜる

1

少量の水を火にかけ、沸騰したら先ほどの調味料を入れる

2

水溶き片栗粉、溶き卵を加え、ソースを作る

3

ぱらぱら

韓国のりを散らす

7

こめお特製
あんかけかつ丼

完成!!

いっちょあがり

ドドン！

俺が作るって

いや、まじで
腹減ってるんで

ボカッ

うるせぇよ

あぁ～

結構です。
結構です。

ヒレカツが奪われた

ジュー

ヒレカツは揚げなおす

4

ごはんの上にのせる

5

とろ～

特製ソースをかける

6

はい、お待ちどう

いただきます

がぶり

めちゃめちゃ
うめえだろ

最高に
うまいっすわぁ

こめおさんも
食べます?

ムシャ
ムシャ

いやいや、
ちょっと食べすぎっす

73

薄味×うまみが正義だ！

「こめお」はいかに誕生したのか。米にかける想いが僕の原点だ。

「こめおって何で米が好きなの？」と聞かれることも多い。もう知っている人もいるけれど、僕は刑務所生活をしていたことがあるんだ。そのときの経験が自分の原点にある。

刑務所の料理は、どれもとても薄味。しかも、ごはんは麦飯。でも運動会やイベントなど特別なときだけ白いごはんが出てくる。そのとき「米ってなんて甘くてうまいんだ！」と強烈に感動したんだ。米が信じられないくらい甘く感じた。その感動体験は今も忘れられない。

どうしてそんなに甘く感じたのか。それは、ふだんの食事が薄味だったから。刺激が少ない食生活を続けていたから、舌が鋭敏になって、米のうまみをキャッチできたんだと思う。これって断食をした人が、断食明けに食べて感じることと同じらしい。今、僕たちの食事（特に若者向け）は味が濃かったり、こってりしていたり、インパクトの強

いものが多い。そんな食生活をしていると、米自体が持っている甘みやうまみなど繊細な味を感じづらくなってしまうんだ。

僕は米のうまさに目覚めたあと、料理自体にも興味がわいて料理本を読みあさった。100冊以上は読んだかな。そして小川糸さんの小説の料理にも感銘を受けた。自由になったら、こんな料理を作ろう、こんな食材を使ってみたいなってずっとワクワクしていた。自由になってすぐ「ごはんソムリエ」の認定を受け、全国の米農家さんをめぐり、研鑽（けんさん）を重ねたんだ。これが僕の料理人生のスタート。それからケータリングのシェフをやったり、和食店の店長を務めたり。フレンチなどの洋食もやってきたけれど、僕の料理のベースは精進料理だ。食材のうまみ、だしをいかに引き出せるか、それを常に研究している。フレンチのコースを提供するときも、精進料理の考えが根底にある。

この本では、米自体の繊細な甘さを感じるためのおかずや調味など、僕なりに工夫した料理を紹介している。米の炊き方ひとつにこだわる、食材のうまみやだしを意識するなど、小さなことからでいいので料理と米に向き合って欲しい。少し薄味かなってくらいの調味で、舌を鍛えてくれ。米を主役に食事を考える日々を続ければ、きっと僕と同じ感動体験が待っている。

←岐阜県の銘柄米「龍の瞳」の生産者さんと一緒に。「割烹こめを」でもこの米を炊いている

4章

どんぶり&茶漬け

ひとり暮らしのヤツとか、忙しいときは
カンタンで食べごたえもある
どんぶりメシがやっぱラクだよな。
がっつりボリュームのあるものから
爆速で作れるぶっかけメシ（P96〜）まで
朝から晩まで使えるメシが登場！

マグロのポキ丼

ヅケにしたマグロがめちゃウマ！
でかく切るから食べごたえも抜群

材料（1人分）

マグロの赤身（サク）…60g
アボカド…1/2個

A　しょうゆ…大さじ1と1/2
　　酒…大さじ1
　　ゆずこしょう…小さじ1/2
　　にんにく（すりおろし）…小さじ1
　　白ごま…ふたつまみ

卵黄…1個分
万能ねぎ（小口切り）…少々
ごはん…150g

アレンジ！

マグロはアボカドと同じ大きさに切っても食いやすいぞ。マグロの代わりにサーモンで作るのもうまいぜ。

作り方

1 マグロを切る

マグロは縦長に4等分に切り、長さを半分に切る。アボカドは1cm角に切る。

2 マグロのヅケを作る

ボウルに**A**を合わせ、**1**のマグロを入れて手で混ぜる。ラップをして冷蔵庫で10分漬ける。ごはんに1本ずつのせていく。

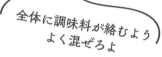

全体に調味料が絡むようよく混ぜろよ

3 ごはんにのせる

マグロを積み上げるように格子状にのせる。アボカドを散らして卵黄を落とす。万能ねぎを散らしたら、いっちょあがり！

大事だから、よく覚えておけ！

アボカドがかたいとき、バカはすぐ指とか切っちゃうから気をつけろよ。切ってヅケにしてごはんにのせるだけだから、バカにでもできるだろ。マグロはトロとか奮発せずに赤身を使え。

さっぱり豚丼

脂っこさはゼロで肉たっぷり。
女子にもウケがいい

材料（1人分）

豚ロース薄切り肉…5枚（60g）

ごま油…小さじ1/2

長ねぎ…1/3本

レモン（輪切り）…1枚

白だし…小さじ2

塩、こしょう…各適量

万能ねぎ（小口切り）…適量

ごはん…150g

アレンジ！

好みでにんにくのみじん切りを一緒に炒めてもいい。その場合は先ににんにくを炒めてから肉を焼こう。

作り方

1

豚肉を焼く

フライパンにごま油を熱して豚肉を焼く。

2

長ねぎを加える

肉の両面にしっかり火が通ったら、みじん切りにした長ねぎを入れて炒める。

3

レモンを加える

長ねぎの香りがたってきたらレモンを入れ、白だしを加える。塩、こしょうで味をととのえる。ごはんにのせ、万能ねぎを散らす。

大事だから、よく覚えておけ！

レモンは焼いてもうまい。まったくクドくなく、香ばしい香りもするから夏の暑くて食欲がないときのスタミナ補給にもいいぜ。すっぱいのが好きなら、レモン2枚ぐらい入れるのもアリだ。

カレー鶏めし

大分の郷土料理をカレー味に。
ごぼうのうまみを吸った米が絶品！

材料（1人分）

鶏ももひき肉…70g
ごぼう…1/3本
サラダ油…小さじ1
A ┃ 昆布…5cm角×2枚
　┃ 砂糖…大さじ1
　┃ しょうゆ…大さじ1

カレー粉…小さじ2
卵黄…1個分
万能ねぎ（小口切り）…適量
ごはん…150g

アレンジ！

鶏肉はもも肉を細かく切って使ってもいいぜ。その場合は皮をカリカリになるまで焼くといい。

作り方

1 ごぼうを切る

ごぼうはささがきにして水にさっとさらし、水気をきる。

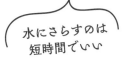

水にさらすのは短時間でいい

2 ひき肉を炒める

鍋にサラダ油を熱してひき肉を炒める。色が変わってきたら、**1**のごぼう、**A**を加える。弱火で10分、混ぜながら煮る。

3 カレー粉を混ぜる

カレー粉を加えて混ぜ、火を止める。ごはんを加えてよく混ぜる。器に盛り、卵黄を落として万能ねぎを散らす。

大事だから、よく覚えておけ！

鶏とごぼうのうまみを煮汁にしっかり引き出して、そのめちゃウマな煮汁をごはんに混ぜて吸わせる料理だ。カレー粉を入れると誰でも食べやすくなるし、食欲のわく香りが楽しめるぜ。

ペッパーランチ丼

材料（1人分）

牛ステーキ用肉…150〜200g
塩…適量
粗びき黒こしょう…適量
にんにく…1片
バター…30g
しょうゆ…大さじ1/2
万能ねぎ（小口切り）…適量
コーン（缶詰/ホールタイプ）…50g
ごはん…150g

アレンジ！

ステーキはバターじゃなくて、牛脂で焼くのもおすすめだ。

作り方

にんにくがこげそうになったら弱火にしろ

1 牛肉はスジ切りする

牛肉は縦に細かく切れ込みを入れ、さらに横方向にも切れ込みを入れる。塩、こしょうする。にんにくはみじん切りにする。

2 牛肉を焼く

フライパンにバター10gを熱し、**1**の牛肉を焼く。スプーンでバターをすくって肉にかけながら焼く。上下を返し、裏面も同様に焼く。牛肉はアルミホイルで包んで10分くらい寝かせ、ひとくち大に切る。

焼き時間は両面合わせて7分くらい

3 ガーリックライスを作る

1と同じフライパンにバター10gを熱してにんにくを炒め、香りが立ったらごはんを炒める。しょうゆ、塩、こしょうで調味する。器に盛って万能ねぎを散らし、缶汁をきったコーン、**2**の牛肉、バター10gを盛る。

大事だから、よく覚えておけ！

ステーキ肉は安い輸入牛でも問題ないが、焼くとかたくなっちゃうので、スジ切りするのを忘れるなよ。フライパンで焼ききらず、ホイルで包んで余熱で火を通せば、やわらかく仕上がるぞ。

簡単すきたま丼

爆速で作れる関西風のすき焼き。
高級な牛丼って感じかな

材料（1人分）

牛すき焼き用肉…100g	好みで七味唐辛子…適量
牛脂…1個（約10g）	ごはん…150g
卵黄…1個分	
しょうゆ…大さじ1/2	
酒…大さじ1	
砂糖…大さじ1	
かいわれ大根…少々	

作り方

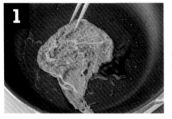

1 牛肉を焼く

フライパンに牛脂を熱し、溶けてきたら牛肉を焼く。

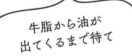

牛脂から油が
出てくるまで待て

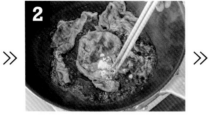

2 調味する

肉の片面が焼けたら、しょうゆ、酒、砂糖を順に加える。肉の上下を返し、反対側もさっと焼く。

3 卵をのせる

器にごはんを盛り、2 の肉をのせ、卵黄を落とす。かいわれ大根を添え、七味唐辛子をふる。

大事だから、よく覚えておけ！

牛肉は片面が赤いうちに調味料を加えていって、手際よくどんどん仕上げていけよ。先に使う調味料を計って用意しておけ。食うときに黄身をくずして肉に絡めながらかっこめ。

酸辣あんかけごはん

サンラー

とろっとろの卵あんが米に絡む
甘くてすっぱ辛い中華メシ

材料（1人分）

トマト…1/4個

えのきだけ…1/5袋

A｜水…200㎖
｜豆板醤…小さじ2
｜鶏ガラスープの素（顆粒）
｜…大さじ1
｜にんにく（すりおろし）…小さじ2
｜酒…大さじ1
｜みりん…大さじ1

B｜しょうゆ…大さじ1
｜酢…大さじ1と1/2

水溶き片栗粉
…片栗粉小さじ2＋水小さじ4

溶き卵…1個分

ごま油…少々

ラー油…適量

万能ねぎ（小口切り）…適量

白炒りごま…適量

ごはん…150g

アレンジ！

Aの代わりに、カップラーメン「蒙古タンメン中本」の残ったスープで作っても、ジャンクな感じでうまい。

作り方

1 野菜を切る

トマトはくし形に切る。えのきだけは石づきを切り落とし、長さを半分に切る。

2 野菜をさっと煮る

鍋にAを合わせ、煮立ったら中火にして、1、Bを加えてさっと煮る。水溶き片栗粉を少しずつ加えて混ぜ、火を止める。

3 卵をまわし入れる

溶き卵を丁寧にまわし入れ、ごま油、ラー油を加える。器に盛ったごはんにかけ、万能ねぎとごまを散らす。

2種の油で香りを出す

大事だから、よく覚えておけ！

溶き卵を入れるときは、ドバッと一気に入れず、ゆっくり少しずつ注ぎ入れると、いい感じのかきたま状態が作れる。火を止めて、余熱でじんわり熱を通すのもコツ。

とうめし

おでん屋の最後に出てくる
〆ごはんをアレンジ。
豆腐をくずしながら食え

材料（1人分）

絹ごし豆腐…1/2丁（150g）

A
| 水…300㎖
| しょうゆ…大さじ3
| みりん…大さじ3
| だしの素（顆粒）…小さじ2
| 砂糖…大さじ2
| 酒…大さじ3

万能ねぎ（小口切り）…適量
しょうが（すりおろし）…少々
ごはん…150g

作り方

1 豆腐を煮る

小鍋に**A**を合わせ、煮立ったら豆腐を入れ、15分くらい煮る。

豆腐を入れたら沸騰NG！

2 ごはんにのせる

器にごはんを盛って、甘辛く煮た豆腐をどんとのせる。

3 薬味をのせる

万能ねぎを散らし、しょうがを添える。**1**の煮汁を少しかけ、いっちょあがり！

アツアツのうちに食え

大事だから、よく覚えておけ！

豆腐はグラグラ煮すぎるとあんまりおいしくなくなっちゃうので、豆腐を煮汁に入れたら火加減に注意しろよ。あっためる程度で大丈夫だから。豆腐がくずれないよう、繊細に調理しろ。

なすの蒲焼き丼

じっくり焼いたなすがトロトロ！
甘辛ダレは白い米の最強の相棒だ

材料（1人分）

なす…1本
ごま油…小さじ1
A │ しょうゆ…大さじ1
  │ 砂糖…小さじ1と1/2
  │ 酒…小さじ2
かいわれ大根…適量
ごはん…150g

アレンジ！

少し辛みのある、かいわれ大根の代わりに、しょうがのすりおろしや七味唐辛子を薬味に添えてもいい。

作り方

1 なすを切る

なすはヘタを切り落とし、縦半分に切る。切った面に格子状の切りこみを包丁で入れる。

> 切りこみを入れると早く火が通るぞ

2 なすを焼く

フライパンにごま油を熱し、なすの切り口を下にして置く。弱めの中火で、なすがやわらかくなるまで10分くらい焼く。

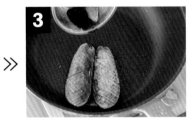

3 調味する

なすの上下を返し、混ぜ合わせたAをかけて絡める。ごはんになすを汁ごとのせ、かいわれ大根を添える。

大事だから、よく覚えておけ！

なすを焼いているときは、いじらず、さわらず放置プレイ。切り口を下にして焼けば皮がふたがわりになって蒸されるので、ふたはしなくていい。時間はちょっとかかるがカンタンだろ？

韓流！豆乳茶漬け

ウマ辛豆乳スープがクセになる！
夏はスープを冷やして食べてもいい

材料（1人分）

A 豆乳（成分無調整）…100㎖
鶏ガラスープの素（顆粒）…大さじ1
しょうゆ…小さじ2
コチュジャン…小さじ1

白菜キムチ…少々
白髪ねぎ…少々
青じそ（せん切り）…1枚分
白炒りごま…適量
ごはん…150g

作り方

豆乳スープを作る

鍋に**A**を合わせ、弱めの中火で温める。

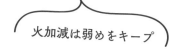
火加減は弱めをキープ

キムチをのせる

ちょっと大きめの茶碗にごはんを盛って、キムチをのせる。

スープをかける

2にアツアツの豆乳スープをかける。白髪ねぎ、青じそをのせ、ごまを散らす。

大事だから、よく覚えておけ！

豆乳は牛乳よりも米にバツグンに合うので、積極的に使いたい食材のひとつ。沸騰させると分離してしまうので、グツグツさせず、弱火〜弱めの中火で温めるといい。

ごはんは炒めない、卵は巻かない
ズボラが泣いて喜ぶオムライス

ズボライス

材料（1人分）

A｜熱々のごはん…150g
　ツナ（缶詰/油漬け）…小1/2缶（35g）
　バター…10g

卵…2個
牛乳…大さじ1と1/3
塩、こしょう…各適量
バター…10g
トマトケチャップ…適量
イタリアンパセリ（ドライ）…少々

作り方

1 ツナごはんを作る

Aのツナは缶汁をきる。すべてのAを混ぜ合わせ、器の片側に盛る。

2 スクランブルエッグを作る

卵は牛乳、塩、こしょうを加え、溶き混ぜる。フライパンにバターを熱し、溶き卵を流し入れる。菜ばしで手早く混ぜ合わせ、ゆるいスクランブルエッグを作る。

3 ごはんに盛る

1のツナごはんの横に2のスクランブルエッグを盛る。ケチャップをかけ、パセリをふる。

すぐかたまるからスピーディに！

大事だから、よく覚えておけ！

溶き卵は熱を入れすぎず、とろっとゆるめに作るのがコツ。まるで半熟のオムレツみたいな食感になるぞ。ごはんにツナを混ぜるだけで、チキンライスみたいになるから炒めなくてOK！

スピードぶっかけメシ

どんぶり＆茶漬けの中でも、爆速で作れる超カンタンなぶっかけメシ。
料理する気も起きない仕事のあとや夜食、ひとりごはんにマジで役立つ！

こめおの店の目玉料理をアレンジ
米ってうまい！を実感できるぞ

生湯葉のTKG

材料（1人分）

生湯葉（またはくみあげ湯葉）…30g
卵黄…1個分
しょうゆ…大さじ1と1/2
ハチミツ…小さじ2
ごはん…150g

作り方

1 みたらしダレを作る。小鍋にしょうゆ、ハチミツを入れ、とろんとするまで煮詰める。

2 ごはんに湯葉をのせ、卵黄を落とす。**1**をかける。

ニラとにんにくは、タレに漬けて1時間以上寝かせると、味がなじんで特有の辛みも薄れる。ひと晩漬けてもいいので、朝食べたいときは前の晩に作っておけ。デートの前には食うなよ。

材料（1人分）

ニラ…2本

ごはん…150g

卵黄…1個分

A	しょうゆ…大さじ1と1/2
	みりん…大さじ1と1/2
	にんにく（すりおろし）…小さじ2
	しょうが（すりおろし）…小さじ2
	豆板醤…小さじ1
	レモン汁…小さじ1
	白だし…小さじ1
	白炒りごま…大さじ1
	ハチミツ…大さじ1/2
	水…100mℓ

作り方

1 ニラは1.5〜2cm長さに切る。

2 ボウルにAを合わせて混ぜ、**1**を加えて混ぜる。表面にラップをはりつけ、冷蔵庫で1時間寝かせる。ごはんにのせ、卵黄を落とせば、いっちょあがり！

ラップのはり方に注目！

悪魔のニラTKG

これはヤバい！ ニラダレが悪魔的にウマい

トマトかけごはん

バカでも作れるカンタンさ。トマトの酸（さん）みでさっぱり食える

材料（1人分）

トマト…1/2個

A｜だししょうゆ…大さじ1
　｜オリーブ油…小さじ2
　｜塩、こしょう…各適量

ごはん…150g

粉チーズ…適量

イタリアンパセリ（ドライ）…適量

作り方

1 トマトは5mm角に切り、Aと混ぜ合わせる。

2 アツアツのごはんに**1**をおもいっきりぶっかけたら完成だ。おーっと待った、粉チーズとイタリアンパセリをかけるのも忘れるなよ。

しっかり混ぜ合わせろよ

材料（1人分）

ごはん…150g

いかの塩辛…30g

粉チーズ…適量

オリーブ油…小さじ2

イタリアンパセリ（ドライ）
　…適量

こしょう…適量

作り方

1 ごはんに塩辛をのせ、粉チーズをふる。

2 オリーブ油をまわしかけ、イタリアンパセリ、こしょうをふる。

大事だから、よく覚えておけ！

ごはんにオリーブ油！?なんて、いぶかることなかれ。イタリアでは米も食うからオリーブ油は合うんだよ。うまみにもなるし、香りづけにもなる、めっちゃ役立つオイルだから覚えておけ。

塩辛チーズ丼

アンチョビ感覚って思えば
塩辛もイタリアンになるだろ？

材料（1人分）

ラード…大さじ1
ベーコン（スライス）…1枚
にんにく…1/2片
しょうゆ…適量
万能ねぎ（小口切り）…適量
熱々のごはん…150g

作り方

1 ベーコンは細切り、にんにくは粗みじん切りにする。フライパン（油は不要）を熱してベーコンを焼く。油が出てきたらにんにくを加え、ベーコンがカリカリになるまで炒める。

2 ごはんにラードをのせる。**1**、しょうゆをかけ、万能ねぎを散らす。

ラードは魔法の調味料

台湾風ラードごはん

ラードって背徳感があるが脳天に突き刺さるウマさ！

大事だから、よく覚えておけ！

だしの素とか"うまみ"を使わないときはラードや天かすなど"油"のコクに頼れ。「肉も野菜もなんもねえ！」ってときの強い味方になるぞ。ハイカロリーだから食いすぎには注意しろよ。

ポンカス丼

サクサク×とろとろ！
ポン酢であとくちはさっぱり

材料（1人分）

長ねぎ…10g

桜エビ（素干し）…大さじ1

天かす…大さじ2

温泉卵…1個

ポン酢しょうゆ…大さじ1

ごはん…150g

作り方

1 長ねぎはみじん切りにする。ごはんに長ねぎ、桜エビを順にのせる。

2 天かすを散らして温泉卵をのせ、ポン酢をまわしかける。

ねぎは青い部分も
ちょっと使えよ

ネバそく丼

俺がプライベートで
朝よく食べる
めちゃ簡単な絶品レシピ

材料（1人分）

オクラ…1本
たくあん…30g
カリカリ梅…1～2個
納豆…1/2パック（25g）
白だし…小さじ1
ごはん…150g

作り方

1 オクラは輪切り、たくあんとカリカリ梅は大きめの粗みじん切りにする。

2 ごはんに**1**と納豆をのせ、白だしをかける。食べるときに混ぜ混ぜする。

卵黄を加えても
ウマいぜ

102

材料（1人分）

長ねぎ…10g

みょうが…1/2個

青じそ…1枚

カツオ節…小1パック（約2g）

白炒りごま…適量

だししょうゆ…小さじ1と1/2

ごはん…150g

作り方

1 長ねぎとみょうがは粗みじん切りに、青じそはせん切りにする。

2 ごはんに**1**、カツオ節、ごまの順にのせ、だししょうゆをまわしかける。

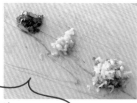

だいたい同じ
大きさに揃えろ

香るおかかメシ

ねこまんまも
プラス薬味で
上等な味になる

**大事だから、
よく覚えておけ！**

あっさり和食で食べるなら、だしの
"うまみ"をぜひ使ってほしい。白だし
やだししょうゆがなかったら、しょう
ゆだけでもいいけれど"うまみ"があっ
たほうが格段にレベルアップする。

材料（1人分）

A｜ 白だし…小さじ2
　　だしの素（顆粒）…小さじ1
　　水…100㎖

あおさ（乾燥）…小さじ2

長ねぎ（みじん切り）…少々

水溶き片栗粉
　　…片栗粉小さじ1＋水小さじ2

溶き卵…1個分

ごはん…150g

作り方

1 鍋にAを合わせ、煮立ったらあおさ、長ねぎを加える。水溶き片栗粉を少しずつ加え、とろみがついたら火を止める。

2 溶き卵を丁寧に流し入れ、菜ばしで混ぜてかきたまにする。ごはんにかけていっちょあがり。

卵は少しずつ、細く流し入れろ

やさしい味わいで
磯の香りがマジで食欲をそそる！

あおさ玉丼

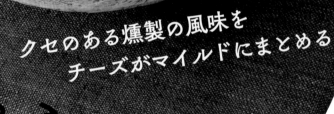

いぶりがっこチーズ丼

クセのある燻製の風味を
チーズがマイルドにまとめる

材料（1人分）

いぶりがっこ…50g

クリームチーズ…20g

みそ…小さじ1

熱湯…小さじ2

白炒りごま…適量

ごはん…150g

食感が残るぐらいの
大きさに切れ

作り方

1 いぶりがっことクリームチーズは、さいのめ切りにする。

2 みそは熱湯で溶きのばす。ごはんに **1** をのせてみそダレをかけ、ごまをふる。

105

BreakingDown

BreakingDownとは？

総合格闘家の朝倉未来選手を発起人に旗揚げされた、格闘技界の異色のイベントだ。参加資格は、年齢、性別を問わず（反社会的勢力は除く）、オーディションにさえ受かれば、誰でもリングに上がれる。格闘技経験のない喧嘩自慢たちが続々と参戦し、多くのスター選手が誕生している。アマチュアがプロに勝つような番狂わせもあってエキサイティングだ。また、選手それぞれが背負っているドラマ性もおもしろい。僕はそこに〝闘う料理人〟として殴り込みをかけた。僕の何がよかったのかわからないけれど、ファンの一部からはスター選手のように扱われることもある。BreakingDownは、名もない人間が成り上がるためのステージだ。

@こめおメシ

試合前は、どんなメシを食っている？

試合に臨むには、スパーリングなどの練習はもちろん、食生活も大事になってくる。
試合が近づいたら、僕はどんなものを食べているのか。
減量や筋肉作りで気をつけていることを伝えよう。

試合3週間前	試合2週間前	試合1週間前～直前！	試合
肉！	**キムチ マグロ メカブ**	**バナナ**	

筋肉を育てるために、良質のたんぱく質を摂取。鶏肉、特にササミを食べることが多い。トレーニングも激しさを増していく！

とにかくキムチを食べて減量！マグロ赤身の刺し身でたんぱく質をとりつつ、味つきメカブで食物繊維を補給して体調を整える

3日前くらいからスタミナに直結するバナナで体の最終調整をはかる。夜寝て、朝起きたら500g減っているくらい体重は激変する

酒と炭水化物のセットはクソ太る！

減量したいときのポイントは①炭水化物を控える、②酒をやめる、③MCTオイルを何にでもぶっこんで脂肪燃焼を促すこと。炭水化物＋酒のセットはクソ太るから絶対NGだ。この時期だけは米はお休み。どうしてもがっつり食べたいときは食物繊維の多い十割蕎麦を食べる。

筋肉メシを伝授！

「こめおチャンネル」で配信した筋トレ時に食べたいメシを紹介。
淡白なササミも、揚げ焼き＆ラー油効果で満足度UP！

いっちょあがり

こめお特製！ 鶏ササミの揚げ焼き

ササミのスジを取り、フォークで穴を開ける

塩、こしょうして片栗粉をまぶす

長ねぎをみじん切りにして、ポン酢しょうゆ、食べるラー油を混ぜてソースを作る

サラダ油でササミの両面をしっかり揚げ焼きする

ソースをかける

日々の食が体を作るんだ

©Atsushi Kishimoto

5章

ごはんのおとも

料理するのがめんどくさいって日もあるよな。
元気で時間があるときに多めに作っておいて
いざとなったらスグ食べられる
最強の「ごはんのおとも」があれば安心だ。
身近な食材を使っていて、しかもカンタン。
ごはんがめちゃ食いたくなるものばかり！

野菜もりだくさん
山形のだし

冷たいコレを熱々のごはんに
かけたメシは最高！
最強のごはんのおともだ

材料（作りやすい分量）

なす…1本
きゅうり…1本
オクラ…6本
長ねぎ…10cm分
しょうが（薄切り）…1枚
塩…適量
塩昆布…ひとつまみ

A | しょうゆ…大さじ2
みりん…大さじ2
酢…大さじ1
砂糖…小さじ2
ごま油…大さじ1

アレンジ！

青じそとか、みょうがとか、余った野菜をどんどんぶち込んでOK。継ぎ足しで野菜とAを追加してもいいぞ。

作り方

1

野菜を切る

なすときゅうりは乱切り、オクラは斜め半分に切り、長ねぎは斜め切り、しょうがは太めのせん切りにする。なすは塩もみする。

*なすは塩もみして
アクを取れ*

2

調味料を混ぜる

ボウルに**1**を入れ、**A**を加えて全体を混ぜる。塩昆布を加えてさらに混ぜる。

3

保存容器に入れる

清潔な保存容器に移し、冷蔵庫で1時間以上漬ける。冷蔵庫で保存、1週間以内に食べきろう。

*使うときは、きれいな
スプーンですくえよ*

**大事だから、
よく覚えておけ！**

山形の郷土料理「だし」は、本当は野菜を粗めのみじん切りにするんだけれどけっこうメンドーだよな。だから大きく切ってアレンジ。ごはんにのせて、好みでカツオ節をふってもいいぞ。

汁なし！食べる豚汁

冷めてもウマいから
弁当のおかずにもぴったりだ

材料（作りやすい分量）

にんじん…1/2本
大根…150g
里いも（水煮/冷凍）…小5個
長ねぎ…1/2本
しょうが（薄切り）…2枚

豚バラかたまり肉…200g
塩、こしょう…各適量
ごま油…小さじ2
水…150mℓ
みそ…60g
好みで七味唐辛子…適量

アレンジ！

豚肉はカレー用のブロック肉を使えば、切る手間が減ってラク。

だいたい同じ大きさにカットしろ

作り方

野菜を切る

にんじんは乱切り、大根は厚めのいちょう切りにし、下ゆでする。里いもは解凍し、4等分に切る。長ねぎは斜め切りにする。

豚肉を焼く

豚肉は2cm角に切り、塩、こしょうする。フライパンにごま油を熱して豚肉を焼く。

しっかり焼き色をつけろ

野菜を炒める

2に**1**、しょうがを加え、全体に油がなじむまで炒め合わせる。

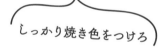

じっくり煮る

分量の水を注ぎ、みそを加えて溶き混ぜる。弱火で30分くらい、大根がやわらかくなるまで煮る。冷蔵庫で保存、1週間以内に食べきろう。

ふたはしなくていい

大事だから、よく覚えておけ！

肉は煮る前に、しっかり焼き色がつくまで焼け。汁なしだから日持ちするし、冷たいままでも、食べる前にレンチンで温めてもウマい。食べるときに七味唐辛子をふるのもおすすめだ。

アサリなめたけ

めちゃくちゃカンタンだから
1人暮らしのやつに超おすすめ

材料（作りやすい分量）

えのきだけ…1パック
かいわれ大根…1/2パック
みょうが…1個
アサリ（缶詰/ドライパック）
　…1/2缶（30g前後）

A｜めんつゆ…大さじ2
　｜みりん…大さじ1と1/2
　｜酒…大さじ1と1/2
　｜水…100mℓ
水溶き片栗粉
　…片栗粉大さじ1＋水大さじ2

アレンジ！

アサリの代わりにしらす干しでも作れる。その場合は50gくらい使え。七味唐辛子をふってもおいしいぞ。

作り方

えのきだけを切る

えのきだけは石づきを切り落とし、2cm長さに切る。かいわれ大根は根元を切り落とす。みょうがはせん切りにする。

えのきだけを煮る

鍋にAを合わせ、えのきだけを入れて5分くらい煮る。かいわれ大根、みょうが、アサリを加え、10分くらい煮る。

わりとしっかり煮る

とろみをつける

火を止めて、水溶き片栗粉を少しずつ加えて混ぜる。冷蔵庫で保存、5日以内に食べきろう。

水溶き片栗粉は
少しずつ入れろ

大事だから、よく覚えておけ！

市販されているビン詰めのアレより、しょっぱくないから飽きずにスイスイ食べられるぞ。じっくり煮て、きのこやアサリのうまみを煮汁に移すのがポイント。これ、よく覚えておけ。

カリカリ梅の梅ひじき

福岡の"梅の実ひじき"を
カリカリ梅でアレンジ

材料（作りやすい分量）

カリカリ梅…3個
ひじき（缶詰/ドライパック）…1缶（110g）
しらす干し…60g
白だし…大さじ1

**大事だから、
よく覚えておけ！**

ひじきをから炒りすることで、特有の磯くささを水分と一緒に飛ばすことができる。だから必ずやっとけ。ひじきは乾物をもどして使ってもいい。その場合は干しひじき15gを水でもどせ。

作り方

1

カリカリ梅を切る

カリカリ梅は粗みじん切りにする。

≫

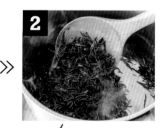

2

ひじきの
くさみをとる

鍋にひじきを入れ、木べらで混ぜながらから炒りする。水分が完全に飛んだら、**1**、しらす、白だしを加えてよく混ぜる。冷蔵庫で保存、10日以内に食べきろう。

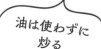

油は使わずに
炒る

116

卵黄のしょうゆ漬け

ごはんのおともにも
酒のつまみにもなる
大人のTKG

材料（作りやすい分量）

しょうゆ…大さじ3
青じそ…2枚
卵黄…2個分
好みで七味唐辛子…適量

大事だから、よく覚えておけ！

これは日持ちしないから、すぐ食った方がいい。でも、手間はしょうゆに卵を漬けるだけだから、風呂に入る前とか、すき間時間に仕込んでおけ。食べるときに七味唐辛子を好みでふろう。

作り方

1 漬けダレを作る
小さめのボウルにしょうゆを入れ、青じそをひたす。

>>

2 卵黄を入れる
1に卵黄を入れ、ラップをして冷蔵庫で30分〜1時間以上漬ける。その日のうちに食べきる。

漬けすぎると
しょっぱくなるので
注意しろ

焼きみそ

香ばしいみそとねぎのにおい、これぞ米ドロボウだ！

材料（作りやすい分量）

合わせみそ…80g

長ねぎ…1/2本

あればみょうが…1/2個

酒…小さじ1

砂糖…大さじ1

ごま油…小さじ1/2

大事だから、よく覚えておけ！

青じそをみじん切りにして加え、「大葉焼きみそ」にしてもうまい。クッキングシートがなければ、アルミホイルにぬってもいい。焼きたてをごはんにのせて食え。

作り方

1 **みそを混ぜる**

長ねぎとみょうがはみじん切りにする。ボウルにすべての材料を入れ、混ぜ合わせる。

2 **トースターで焼く**

クッキングシートに大さじ2ずつ丸くぬりつける。オーブントースターで5分くらい、こんがり焼き色がつくまで焼く。焼く前の**1**の状態で冷蔵庫で保存、1週間以内に食べきる。

ちりめん七味

ちりめん山椒の七味バージョン！
極ウマの自家製ふりかけ

材料（作りやすい分量）

しらす干し…100g
七味唐辛子…小さじ1
白だし…大さじ1と1/2

大事だから、よく覚えておけ！

真っ白だったしらすがキツネ色になるまで、ゆっくりじわじわ根気よく炒めろよ。七味唐辛子の代わりに山椒の実を入れれば、自家製「ちりめん山椒」になる。

作り方

1 しらすをから炒りする

フライパン（油は不要）にしらすを広げる。弱火で菜ばしで混ぜながら、パリパリになるまで30分くらいから炒りする。

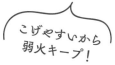

こげやすいから弱火キープ！

2 調味する

七味唐辛子、白だしを加えてざっと炒め、火を止める。粗熱がとれてから、ジッパーつき保存袋などに入れる。常温で2週間ぐらい日持ちするぞ。

ツナみそヨーグルト

ツナマヨを超える
マジうまソース
パンチはあるけれどクドくない!

材料（作りやすい分量）

バター…10g
みそ…大さじ1と1/2
ギリシャヨーグルト…30g
ツナ（缶詰/油漬け）
　…小1缶（70g）

A｜にんにく（すりおろし）…小さじ1
　｜粉チーズ…大さじ1
　｜粗びき黒こしょう…少々

大事だから、よく覚えておけ！

ギリシャヨーグルトがなければ、プレーンヨーグルトを水きりして使え。ごはんはもちろん、チキンソテーやしょうが焼きに添えてもいい万能ソース。

バターは室温に
しばらく置いて
溶かしてもいい

作り方

1 バターを溶かす

中サイズのボウルに熱湯をはり、その中に小サイズのボウルを重ねてバターを入れ、湯せんで溶かす。バターが溶けたら、みそを加えて混ぜる。

2 ツナを混ぜる

■にヨーグルトを加えてよく混ぜる。缶汁をきったツナとAを加えて混ぜる。冷蔵庫で保存、1週間以内に食べきろう。

6章

ごはんもの

お米を使ったとっておきのレシピを教えてやる。
炊飯器を使った具だくさんごはんなど
おかずにもメシにもなるから、満足度は大。
魚介を使ったぜいたくな料理から、
缶詰を使ったお手軽なものまで用意した。
チャーハンをパラパラに仕上げるコツも必見！

炊飯器パエリア

誰かをもてなしたいときに
気合を入れて作ってやれ

材料（2合分）

米…2合（300g）

A｜水…360㎖
　｜コンソメスープの素（顆粒）…大さじ1
　｜塩、こしょう…各少々

鶏もも肉…大1/2枚（130g）
トマト…1/2個
玉ねぎ（輪切り）…1枚
ピーマン…小1/2個
にんにく…1片
むきエビ…4尾
アサリ（殻つき）…4粒
レモン（輪切り）…3枚
オリーブ油…大さじ1
イタリアンパセリ…適量

作り方

1 米を浸水させる

米は洗って水気をきり、炊飯器の内釜に入れる。**A**を加え、ざっと混ぜる。

2 材料を切る

鶏もも肉は小さめのひとくち大に切る。トマトは輪切り、玉ねぎは半月切り、ピーマンは輪切りにする。にんにくはつぶす。

3 オリーブ油をまわしかけて炊く

1に**2**、エビ、アサリ、レモンの順にのせ、オリーブ油をまわしかけて普通に炊く。炊き上がったら器に盛り、みじん切りにしたイタリアンパセリを散らす。

材料をのせる順番は
見栄え重視！

大事だから、よく覚えておけ！

炊飯器のいいところは、煮たり焼いたりの加熱で、つきっきりにならなくてすむこと。肉×魚介×野菜のうまみを米に吸わせ、混然一体となった絶品メシがいっちょあがり！

炊飯器
サバ茶飯（ちゃめし）

茶飯とはほうじ茶で
炊いたごはんのこと。
米の甘みがじわっと広がる

材料 (2合分)

米…2合 (300g)
サバの水煮 (缶詰)…1缶 (190g)
白だし…大さじ1
酒…大さじ1
ほうじ茶 (抽出したもの)…適量
好みのトッピング…適量

アレンジ！

トッピングは、白炒りごま＋青じそ、カツオ節＋万能ねぎ、のりの佃煮、みょうがなどをのせるといい。

作り方

1 **ほうじ茶を調味する**

軽量カップに白だし、酒を入れ、サバ缶の缶汁を入れる。そこにほうじ茶を注ぎ、全部で380mlにする。

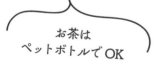

お茶は
ペットボトルでOK

2 **内釜に米を入れる**

米は洗って水気をきり、炊飯器の内釜に入れる。**1**を加え、ざっと混ぜる。サバ缶の身をのせる。

3 **炊飯器で炊く**

普通に炊く。炊き上がったらざっくり混ぜて器に盛る。好みのトッピングをのせる。

大事だから、よく覚えておけ！

ほうじ茶で米を炊く"茶飯"は1000年以上前から日本で食べられてきたというザ・和食。さっぱりしていて風味がたまらなくいい。その茶飯にサバ缶をプラスして食べごたえをUPさせてみた。

ごろごろスパムの
トマトカレー

材料（2人分）

スパム（缶詰）…2/3缶（200g）
玉ねぎ…1/2個
バター…大さじ2
カレー粉…大さじ1と1/2
塩、こしょう…各適量
ハチミツ…小さじ2
薄力粉…大さじ2

A｜トマトの水煮（缶詰/カットタイプ）
　　…1/2缶（200g）
　｜コンソメスープの素（顆粒）…大さじ1
　｜にんにく（すりおろし）…小さじ2
　｜しょうが（すりおろし）…小さじ2
　｜水…150mℓ
粉チーズ…適量
飾り（イタリアンパセリなど）…適量
ごはん…200g

アレンジ！

スパムの代わりに厚切りベーコンを角切りにして使ってもいいぞ。

作り方

スパムを焼く

スパムは1cm角に切る。玉ねぎは粗みじん切りにする。フライパン（油は不要）を熱し、スパムを焼き色がつくまで焼いて、いったん取り出す。

ちょっと焼いた方がうまい

あめ色玉ねぎを作る

1と同じフライパンにバターを熱し、玉ねぎをあめ色になるまで炒める。カレー粉を加え、木べらで混ぜながらしっかり玉ねぎとなじませる。

ダマになっちゃうから粉はしっかり炒めろよ

カレールーを作る

塩、こしょう、ハチミツを加えて混ぜる。薄力粉を加え、粉っぽさがなくなるまで炒める。Aを加えて10分くらい煮る。

スパムを混ぜる

1のスパムをもどし入れ、ざっと混ぜる。ごはんにかけ、粉チーズをふってパセリを飾る。

粉チーズはたっぷり！

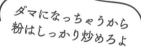

大事だから、よく覚えておけ！

面倒でも玉ねぎはあめ色（濃いめの茶色）になるまでじっくり炒めろ。ただし、こがさないように注意しろよ。薄力粉もしっかり炒めておかないと、水分を入れたときにダマになるぞ。

わさびふりかけチャーハン

パラッパラのチャーハンは誰でも作れる！
大人のわさび味で仕上げろ

材料（1人分）

三つ葉…1/3束
練りわさび…大さじ1
しょうゆ…大さじ1
卵…1個
サラダ油…大さじ2
ごはん…150g

A ┃ 枝豆（ゆでたもの）…適量（約30g）
　 ┃ 塩昆布…大さじ1
　 ┃ わさびふりかけ…大さじ1と1/2

アレンジ！

わさびふりかけじゃなくて、永谷園の「わさび茶づけ」を使ってもいいぞ。三つ葉の代用はみょうがでOK！

作り方

1

三つ葉を切る

三つ葉は2cm長さくらいのざく切りにする。しょうゆにわさびを入れて溶き混ぜ、わさびじょうゆを作る。卵は溶きほぐす。

2

卵とごはんを炒める

フライパンにサラダ油を熱して溶き卵を流し入れ、すぐにごはん加える。ごはんに溶き卵を絡めるように手早く炒める。

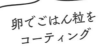

卵でごはん粒を
コーティング

3

調味する

Aを順に加え、そのつど炒め合わせる。

4

三つ葉を投入する

■のわさびじょうゆを加え、パラパラになるまでしっかり炒める。三つ葉を加え、さっと炒め合わせる。

しょうゆの水分が
飛ぶまで炒めろ

大事だから、よく覚えておけ！

チャーハンをパラパラに仕上げるコツは、①炒めるときの油は多め、②火力は強め、この2点を覚えておけ。最初にごはんに溶き卵を絡めてコーティングしておくのも大事なポイントだ。

梅しそ風味の肉巻きおにぎり

肉はカリカリ、チーズはとろっ！
甘じょっぱさもクセになる

材料 (1人分／2個)

A
- ごはん…150g
- 青じそ…2枚
- 梅肉…大さじ2
- 白炒りごま…小さじ2

豚バラ薄切り肉…6枚
塩、こしょう…各適量
バター…15g

B
- しょうゆ…大さじ2
- ハチミツ…大さじ1と1/3
- バルサミコ酢…小さじ2
- とろけるスライスチーズ…2枚

アレンジ！

バルサミコ酢とはぶどうで作ったイタリアの果実酢。なければ黒酢で代用を。どちらも煮詰めると甘くなる。

作り方

1

梅しそごはんを作る

Aの青じそはみじん切りにする。ごはんに梅肉、青じそ、ごまを混ぜる。半分に分け、俵形のおにぎりを2個作る。

2

おにぎりに肉を巻く

豚肉3枚でおにぎり1個を巻く。これを全部で2個作り、塩、こしょうする。

ごはんが見えなくなるよう
肉で包み込め

3

おにぎりを焼く

フライパンにバターを熱し、**2**の肉巻きおにぎりを、こんがり焼き色がつくまで転がしながら焼く。

バラ肉がカリカリに
なるまで焼け

4

ソースを絡める

3にBを加え、とろみが出るまで煮詰めながらおにぎりに絡める。器におにぎりを盛り、チーズをのせる。鍋に残ったソースをかけて、いっちょあがり！

大事だから、よく覚えておけ！

中のメシは梅しそでさっぱり、外の豚バラはバターでこってり、このバランスが悪魔的にウマい。酢をとろっとするまで煮詰めると、まろやかな酸みになって豚の脂っこさがやわらぐぞ。

こめおチャンネル

@user-xl1xl3sr7s

こめおです。>

チャンネル登録

こめおの料理動画をチラ見せ！

巨大納豆巻き作ってみた。

友達のゆーりがSNSで
ユニークな納豆巻きを発見！

ねーねー、
こめお
これ食べたい

巨大納豆巻き!?
なんだこれ、
デカすぎんだろ

料理スタート

納豆に昆布だしを
投入にして混ぜる

1

うーわ

ねばねば〜

2

万能ねぎはみじん切りにし
て納豆にぶち込んで混ぜる

3

はじめての共同作業…？

くるり

巻きすごと巻く

7

完成!!

切るとこんな感じ

こめおとゆーり特製
70cmの巨大納豆巻き完成!!

すごい!!!

パチ

パチ

132

いっちょやってみっか！

やったぁ〜

え!?

おいしい〜

↑納豆

なに食べてんの？

巻きすを横に3枚並べ、焼きのりをのせ、ごはんをのせる **4**

おりゃあああああ

ごはんに納豆をのせる **5**

ザーッ

納豆をまんべんなく広げる **6**

いただきます！

いだだきまぁす！

がぶり

うまい

!?

←こっそり乱入

ボカッ

なに、ポッキーゲームしようとしてんねん

5つの顔を持つ男・こめお

料理動画を配信したり、格闘技イベントに参加したり、SNSだけを見ていると
「こめおっていったい何モノ!?」と疑問を持つかもしれない。
僕はあくまで料理人だが、同時にいろんな活動を並行している。
ここでそのすべてを紹介しよう。

「割烹こめを」のオーナーシェフ

生粋の
料理人

2023年11月に創作和食「割烹こめを」をオープンした。カウンターだけの小さい店だけれど、僕が厨房に立ち、お客様の目の前で心をこめて料理を作り上げている。この店の特徴は、メイン食材の産地に僕みずから訪れ、実際に目で見て選んだ食材を使う点だ。冬は越前ガニの仕入れに福井へ、じゃがいものために北海道へ行ったこともある。提供するのはぜいたくな朝食とディナー（ランチ営業はなし）。お客様にゆっくり味わっていただきたいので完全予約制で営業している。

割烹こめを
東京都港区麻布十番2-14-4
エタニティー麻布十番地下1階

「BreakingDown」出場

ブレイキングダウン

2022年3月に、格闘技イベント「Breaking Down4.0」に初出場した。そのときはオーディションから暴れてみせた。「自分以外はイモ野郎」と言い放ち、悪態をつきまくったのが視聴者にウケたようで、そこから僕の知名度は上がった。でも私生活では、キレたことって実はないんだ。ハートは熱いが、素顔の僕は怖い人間じゃない。むしろどっちかというと、物静かな方だと自分では思っている。

闘う男

©Atsushi Kishimoto

頼れるアニキ

「子ども食堂」を支援

僕がとても大事にしている活動が「子ども食堂」でのボランティアだ。金銭的な支援はもちろん、子どもたちに料理を教えたり、作った料理を一緒に食べたりしている。料理をすることの楽しさを知ってもらいたいし、誰かと一緒に食卓を囲む時間や食に感謝することの大切さを伝えたい。ちなみに、僕が小学生のときにはじめて作った料理はオニオングラタンスープ。ガラケーでレシピを検索して1人で作ったけれど、なかなか上手に作れて楽しかった。今の子どもたちにも料理に触れる機会を増やしてあげたいと思っている。

ファンコミュニティ 「RICE」を運営

こめおと"食"でつながる公式ファンクラブを運営している。定期的に僕と一緒に料理を作るイベントなどを開催し、オンラインではかんたんな料理を作りながら雑談する"スナックこめお"をライブ配信している。興味のある人は「こめお RICE」で検索を。メンバー（500円/月）は随時募集中だ。

ファンクラブも！

ビジネスのアイデアは 無限大

僕は複数の会社の代表も務めている。飲食業、コンサル業がメインだ。近々、「割烹こめを」以外の新業態のお店もスタートさせる予定だ。ほかにもやりたいことはいっぱいある。日本国内はもちろん世界を股にかけて興味のおもむくままに飛び回り、"食"の魅力を伝えられるビジネスにもいっそう励みたい。

若き起業家

こめお

1995年3月7日生まれ。東京都出身。ごはんソムリエ。創作和食「割烹こめを」(東京都麻布十番)のオーナー兼料理人。2022年3月、格闘技イベント「ブレイキングダウン」に初出場し、"闘う料理人"としてたちまち人気者に。TikTokでの料理動画も好評を博し、現在、SNS累計フォロワー100万超(2023年12月時点)を誇るインフルエンサーでもある。「割烹こめを」で腕を振るうかたわら日本各地を飛び回り、お米を中心とした良質な食材の収穫に励むとともに、"美味しいは創れる"をコンセプトにしたファンコミュニティ「RICE」も運営。さらに全国の子ども食堂の支援にも力を入れており、食をめぐる多岐な活動をこなしている。

本書の著者印税の一部は、子ども食堂の支援にあてられます。

STAFF

料理：こめお
撮影：松園多聞
スタイリング：高橋ゆかり
デザイン：岡 睦(mocha design)
校正：鷗来堂
編集：嶺月香里
企画：崔 鎬吉(徳間書店)

こめおメシ ごはんに合いすぎるおかず&どんぶり

第1刷　2024年1月31日

著者　　こめお

発行者　小宮英行

発行所　株式会社徳間書店
　　　　〒141-8202
　　　　東京都品川区上大崎3-1-1
　　　　目黒セントラルスクエア
　　　　電話　編集／03-5403-4344　販売／049-293-5521

振替　00140-0-44392

印刷・製本　図書印刷株式会社

©Comeo, 2024 Printed in Japan

乱丁・落丁はお取り替えいたします。

ISBN978-4-19-865695-9